長友佑都の目標——

バロンドールを獲る！

※ FIFAバロンドールとは、年間世界一のサッカー選手に贈られる賞で、2013年はクリスチアーノ・ロナウド選手（レアル・マドリード）が、それまではリオネル・メッシ選手（FCバルセロナ）が三年連続で受賞した。

の新しい目標——

長友佑都 体幹トレーニング20

著者 長友佑都

KKベストセラーズ

CONTENTS

はじめに

『サッカー選手・長友佑都は「体幹」「走力」「メンタル」でできている』

　僕はそう思っています。世界を相手にしても当たり負けしない「体幹」。誰よりも長くスプリントを繰り返すことができる「走力」。果てなき頂点を想像し、努力できる「メンタル」。これが、僕のストロングポイントになっているでしょう。

　この本ではその中でも「体幹」を鍛《きた》える**「体幹トレーニング」を紹介**しています。いずれも僕が試行錯誤しながら得た、**自信を持って紹介できる方法**ばかりです。また本書では、

1. いかにして効果を最大化するか

2. いかにして続けるか（三日坊主にならないようにするか）

という考え方についても書いています。実は、先に書いた「体幹」「走力」「メンタル」の3つというのはこのふたつの要素と密接な関係にあります。効果を最大化するため、続けられるトレーニングにするためには、メンタル的な要素が欠かせません。

　正しいやり方をしていても、なかなか効果が出ない、続けられないという人はいます。それは「メンタル」の部分を疎《おろそ》かにしているからです。

　そして僕の場合、「体幹」と「メンタル」が融合したトレーニングの結果、「走力」についても、さらなるレベルアップを果たすことができました。

詳しくは本書を読んでもらえば分かると思いますが、**本当に効果がある「体幹トレーニング」とは「体幹」、「メンタル」そして向上したい「目的」**（僕の場合はサッカー技術ですが、この例では「走力」といえます）**が作る三角形が正三角形となり、その面積を広げていくこと**なのです。

「目的」は人それぞれだと思います。ダイエットの人もいれば、お腹を凹ませたい人、腰痛を治したい人、競技力をアップしたい人……。きっと今まで効果が出なかった人というのは、この3つのバランスが崩れていたのだと思います。

ですから本書では、メンタルの考え方、正しい体幹トレーニングのやり方、目的別の組み合わせ（メニュー）、という3つを意識して書いています。いや、この3つが合わさってこそ「長友式体幹トレーニング」なのです。

この本を読んでもらえれば、きっと新しい視野が開けるはずです。ぜひ、挑戦してみてください！

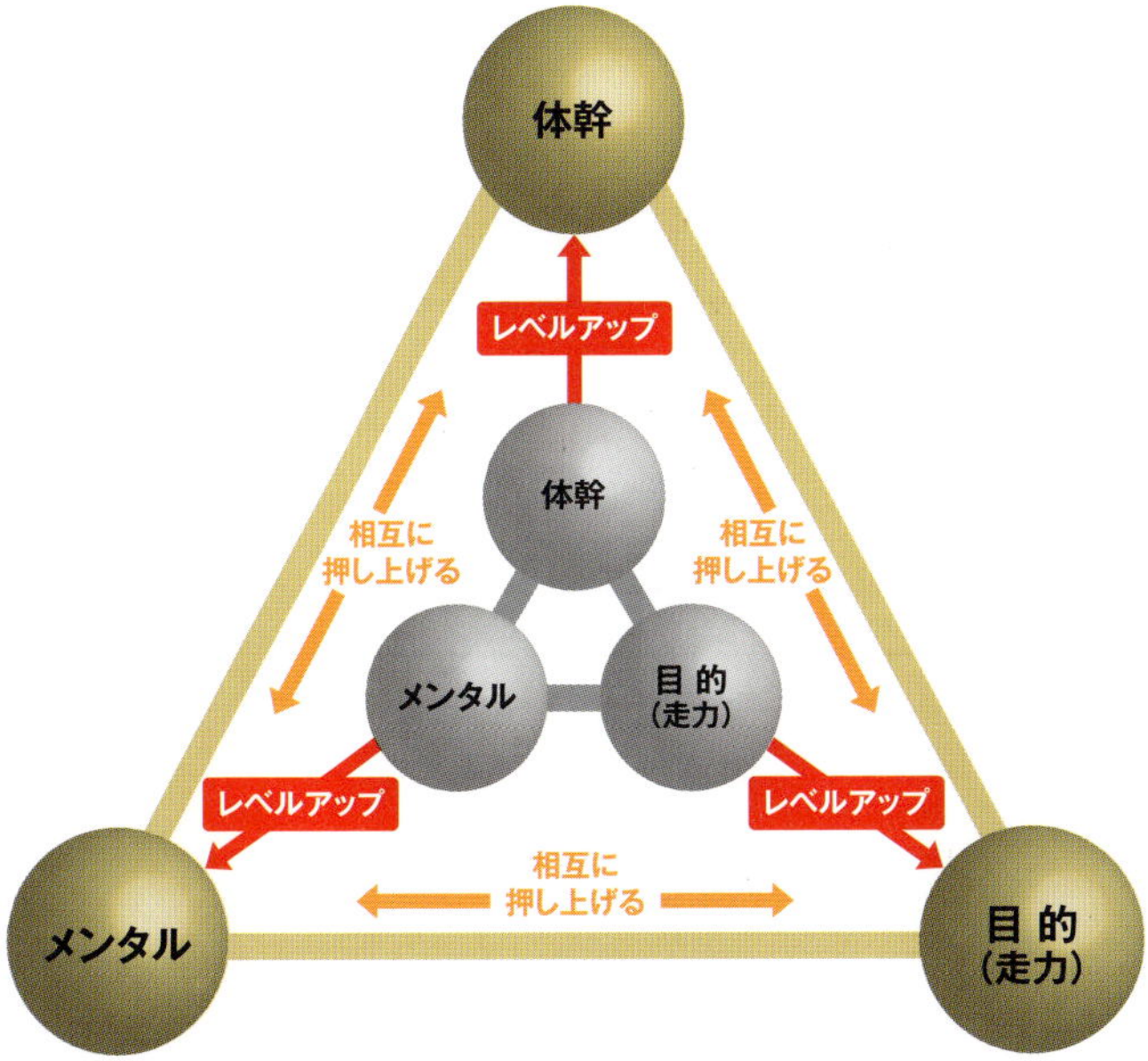

長友佑都 体幹トレーニング20について

長友佑都のトレーニングってやっぱり難しい？

NO！　体幹トレーニングは基本的に自重（自分の体重）を負荷とするトレーニングなので無理なく手軽にできます。この本でも、初級者から始めることができるものを揃《そろ》えています！

私って初級者？中級者？それとも上級？

長友式体幹トレーニングは「地味に見えるけれど効果がある」ものばかりです。続けることを考えても、最初は皆さん、初級レベルの回数、時間から始めてみてください。それをクリアできれば中級、上級と進み、さらに超実践編へと挑戦してみてほしいと思います。

どうやって取り組めばいいの？

この本ではどんな目的にも応用できるストレッチ10個と体幹トレーニング20個を厳選（Chapter2、3）しています。そしてその中から、「ダイエットをしたい」「お腹を凹ませたい」「腰痛を解消したい」といった8つの悩み別のトレーニングメニューと、小学校、中学校、高校と年代別に取り組んでほしいトレーニングメニューを組んでいます（Chapter4）。ですからストレッチ、トレーニングの1から順に始めるのではなく、まずはこのメニューの中から自分の目的に近いものを選んで取り組んでみてください！

始める前に知っておくべきことはありますか？

ふたつの言葉を覚えて下さい。まずアウターマッスルとインナーマッスル。前者は直接触れることができ、主にウエイトトレーニングなどで鍛える筋肉で後者はその深層部にある筋肉、いずれも総称です（23ページ）。次にドローイン。お腹を凹ませた状態で鼻から息を吸い口から吐くもので、本書の中で「お腹を縮める」と書いているところはこのドローインを意識してください。

”本“と

読むだけで変わる！

ストレッチ＆トレーニング (P29-69)

10ストレッチと20トレーニングを紹介。ポイント、呼吸法、レベル別に紹介しています。

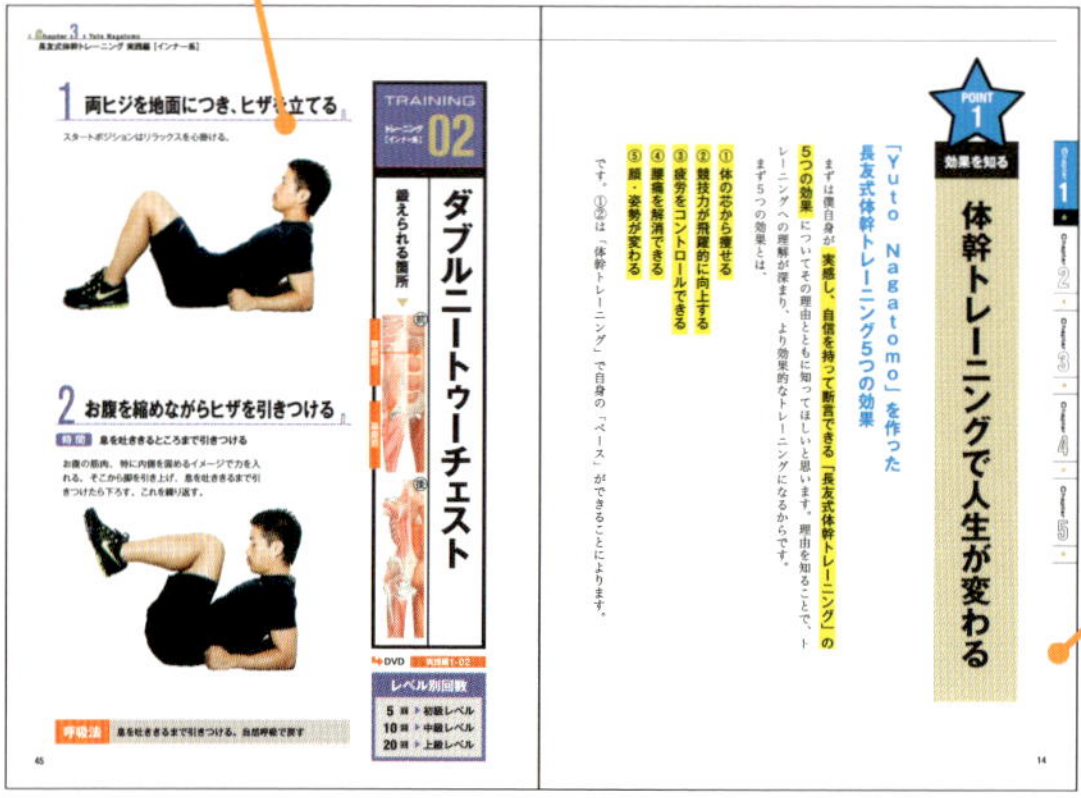

メンタル (P13-27)

効果を得る、続けるために重要な知識、メンタルを5つのポイントとして解説しています。

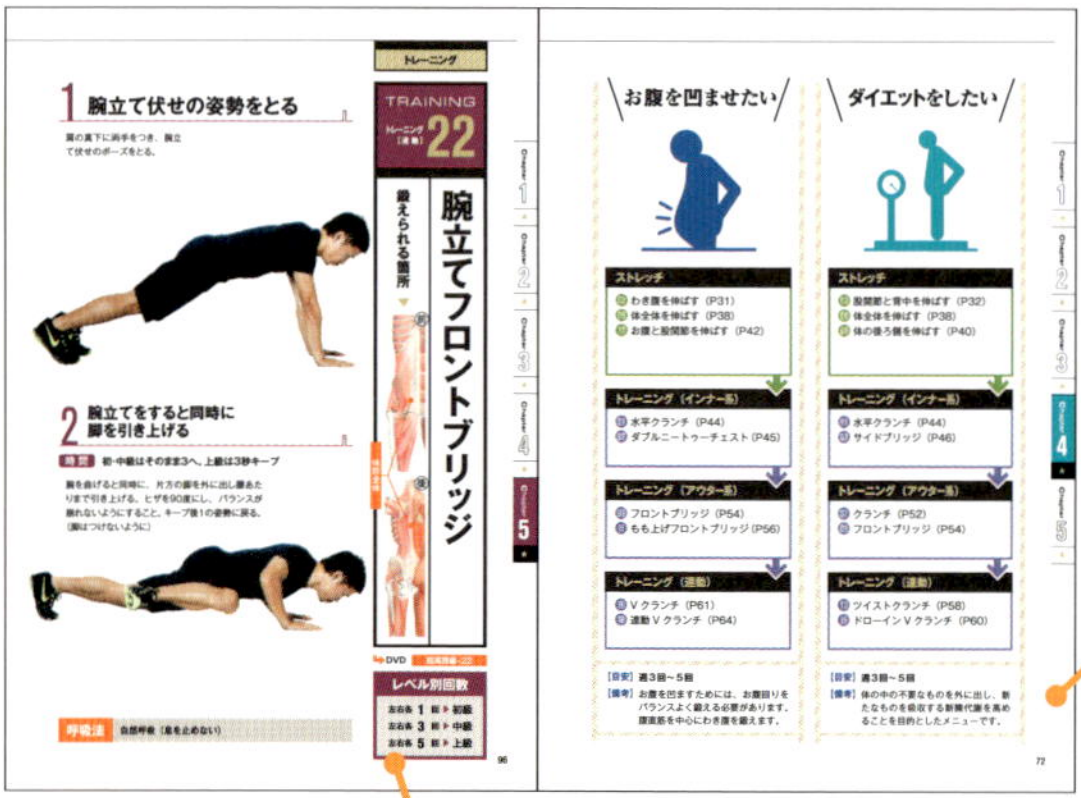

トレーニングメニュー (P71-85)

10ストレッチと20トレーニングの中から目的別、年代別にトレーニングメニューを紹介！

超実践編 (P87-105)

僕が今、レベルアップのために取り組んでいるストレッチとトレーニングも10個紹介！　これはかなり難しいですよ！

“DVD”で分かる！

やれば倍、変わる！

Point！

本書で書いたトレーニングを動画でチェック。細かい動きも確認できます。

Point！

トレーニング方法や鍛える部位を紹介。本を見ながら一緒にトレーニング！

Point！

DVD⇔書籍でそれぞれ対応チャプター、ページも書いてあります！

自分の体と
向き合うことで
僕は劇的に成長した

Chapter 1 ▷

長友式体幹トレーニング 5つのポイント

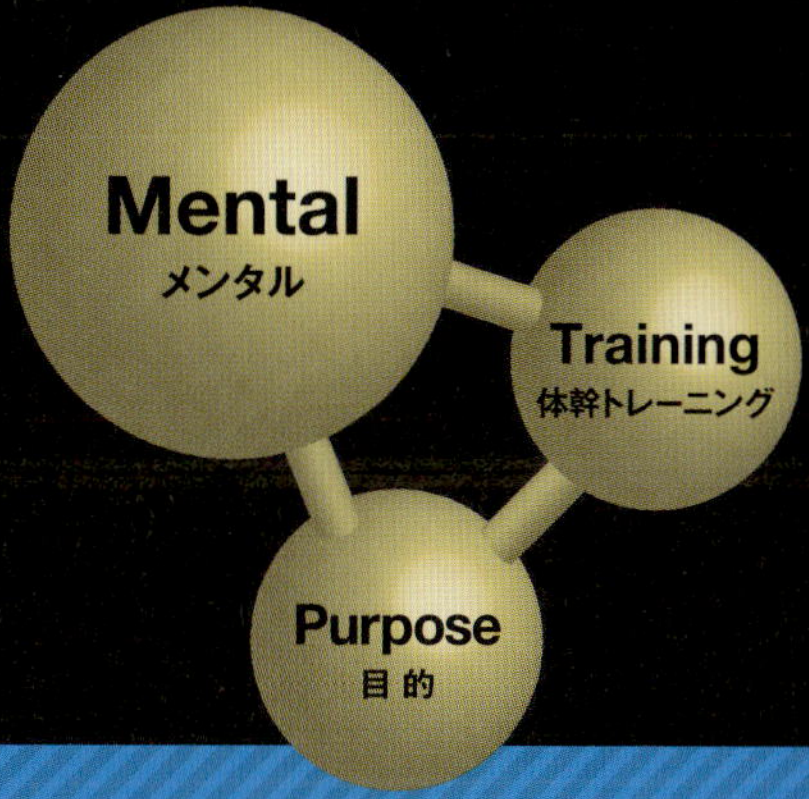

僕はサッカー人生をとおして、さまざまなトレーニングを行い、成功も失敗も経験してきました。その過程で気付いたことがあります。

それは**「本当に効果を出す」**つまり**「競技力アップ」**や**「痩《や》せたい」**を実現しようと思えば**「メンタル」**が非常に重要であること。ですから**「長友式体幹トレーニング」**の一歩目は**「メンタル」**です。

ここではまず、効果をもたらすトレーニングについて絶対に必要な知識と、なぜメンタルの有無で効果に差が出るのかについて５つのポイントに絞り見ていきたいと思います。

POINT 1

効果を知る

体幹トレーニングで人生が変わる

「Yuto Nagatomo」を作った長友式体幹トレーニング5つの効果

まずは僕自身が**実感し、自信を持って断言できる「長友式体幹トレーニング」の5つの効果**についてその理由とともに知ってほしいと思います。理由を知ることで、トレーニングへの理解が深まり、より効果的なトレーニングになるからです。

まず5つの効果とは、

①体の芯から痩せる

②競技力が飛躍的に向上する

③疲労をコントロールできる

④腰痛を解消できる

⑤顔・姿勢が変わる

です。①②は「体幹トレーニング」で自身の「ベース」ができることによります。

5つの効果

顔・姿勢が変わる

最近「(いい意味で) 顔が変わったね」と言われます。「体幹」という武器を得たことで自分に自信を持つことができ、それが顔に出たのだと思います。

疲労をコントロールできる

体が強くなり、代謝も良くなるので、疲れを感じにくくなります。また体を整えることでメンタルを支配し「疲労をコントロール」する術が身につきます。

体の芯から痩せる

インナーマッスルを中心とした質の高いトレーニングなので、体の芯から痩せられます。そしてリバウンドしづらい肉体に変身することができます。

腰痛を解消できる

どんな治療でもよくならない「ヘルニア」「腰椎分離症」になり、日常生活に支障をきたすほどの痛みと戦っていた僕は、体幹を鍛え、劇的に痛みが消えました。

競技力が飛躍的に向上する

僕が一番実感している部分です。体幹を鍛えたことで持ち味の走力はもちろん、キックの精度やドリブルなどの技術が信じられないくらい上がりました。

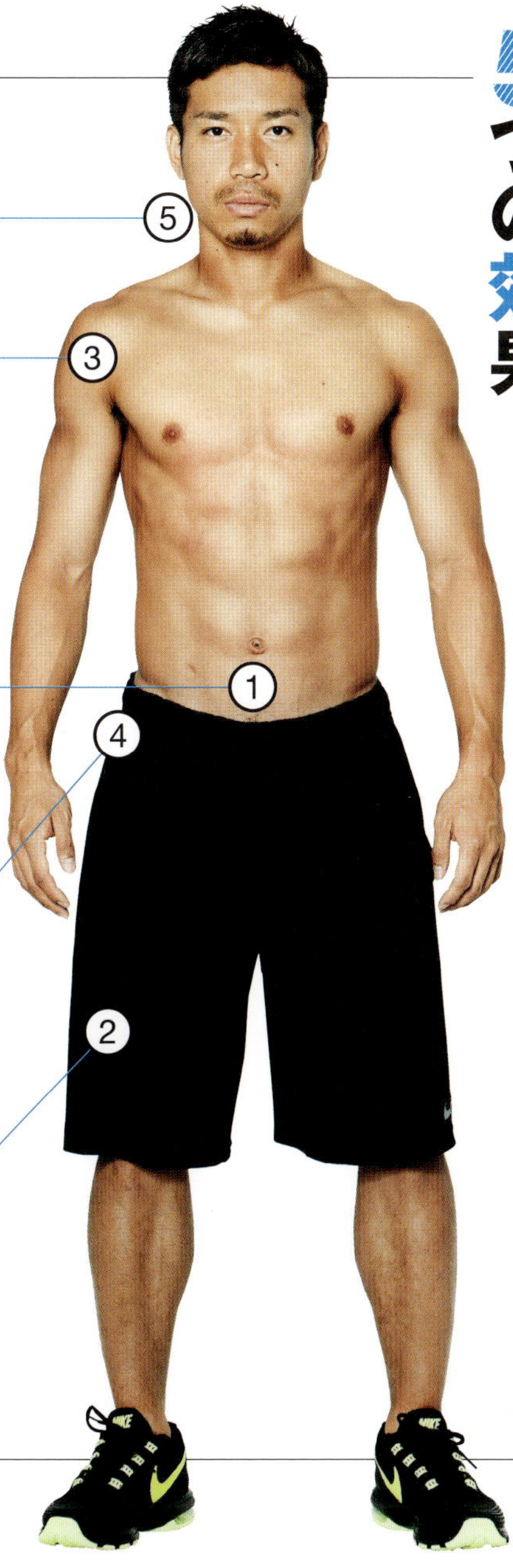

長友 Check!

ベースができることで「痩せる」「強くなる」

体幹トレーニングは、一般的なウエイトトレーニングなどで鍛えられるアウターマッスルではなく、インナーマッスルを鍛えることができます。体の中身部分をトレーニングすることで、**芯が強くなり、質の高い筋肉を手に入れる**ことができるわけです。

この「質の高い〝芯〟」を手に入れるということは、**体のベースを作ること**にほかなりません。そしてこのベースを手に入れることができれば、あとは目的に応じてその上に積み上げていく――僕はこれを「体幹のベースに飾っていく」作業と言っています――だけ。

僕でいえば「体幹」というベースをもとに「蹴《け》る」「トラップする」といった技術を飾っていきました。その向上のスピードは、サッカー人生でもっとも速かったといえます。また、不調に陥ったときも、立ち返るベースがありますから、スランプの期間が短く、コンスタントに良いパフォーマンスを上げることができるようになりました。

目的が「ダイエット」であれば、ベースとなるのは**リバウンドしない体**です。体幹トレーニングそのものをするだけでも、**骨盤が立ち、腹圧が高まるので、お腹は凹みます**が、なによりも質の高い筋肉を手に入れることができています。例えば、そこに「腹筋を割りたい」という目的が加われば、そのための方法（例えば腹筋、ウォーキングなど）で「飾っていく」だけ。ただ腹筋などをするより、**倍以上速いスピードで効果が出る**のです。

POINT 2

目標を書く

継続できるたったひとつの方法

メンタルは体を支配し 体はメンタルを支配する

正しいトレーニングをしていても、続かなければ効果は出ません。この体幹トレーニングの場合、体のベースを作ることがポイントですから、一週間などといった短いスパンでは効果が実感しづらいと思います。しかし先にも書いたとおり、**一度内側を鍛えてしまえば、効果も出やすく、「飾る」モチベーションもどんどん上がっていきます**。

では続けるためにはどうするべきか。

僕が続けられた理由、それは**目標がはっきりとしていて、常にそれを言葉にしていた**からだと思います。

僕は常々、夢や目標をはっきりと公言しています。目標を常に意識できていることが自分自身を鼓舞し、「今日はやりたくないな」という日でも「トレーニングに取り組もう」というモチベーションとなりました。そして気付けば、僕の生活の中のルーティンとして定着していったのです。目標への強い気持ち、信念があればあるほど、トレーニングに前向きになれ、結果、続けることができたともいえます。

なかなかトレーニングが続かないという人を僕もたくさん見てきました。彼らに共通するのは、目標がはっきりしないことにあったように思います。「もっと上手くなりたい」「日本代表になりたい」などといった向上心はあっても、それをはっきりと意思表示できていなかったように思うのです。

ですから僕は、**メンタルを確実に具体化するために、このトレーニングを通じてどういう目標を実現したいか、実際に「書く」**こと、そして毎回のトレーニング時にそれを「見て」からスタートすることをおススメします。

「当たり負けしない体を手に入れたい」「5キロ痩せたい」「魅力的な体を手に入れたい」「好きなあの人に好かれたい」……。目標は、何でも構いません。この体幹トレーニングを続けることができればその目標は必ずや叶《かな》うことでしょう。

加えて、実現した後の自分を想像すること。

断言できます。「**想像できることというのは実現できること**」なのです。

本書の冒頭にある真っ白なページ。そこに実現したい**目標を書いてください**。そして未来の自分を想像することで、体幹トレーニングを続ける意欲が湧いてくるはずです。

目標の明確化と想像が継続する力を生む

POINT 3

頭で鍛える

脳を使いながら鍛える

一流選手がトレーニングで必ずやっていること

多くの一流アスリートのトレーニングを見てきて感じるのは、彼らの**トレーニングは「質が高い」**ということです。それは、単にトレーニングのレベルが高い、ということだけではありません。彼らは**脳で理解しながらトレーニングをしている**のです。

トレーニングを行う際の重要なポイントのひとつに、鍛えている部分をいかに意識できるか、ということがあります。いくら正しい方法でも、なにも意識をせずに回数を重ねるのと、鍛えられている部位に集中しながらトレーニングをするのでは、その効果がまったく違う、と医学的にも言われているようです。

一流選手たちは、例えば小学生でもやるようなストレッチにおいても、どこがほぐされているか、ということに気を配り、**体だけでなく脳でも汗をかこうとしています**。だから、質が高い、と書いたのです。

僕自身も**トレーニングをする際は、どこが鍛えられているか、体と会話をするよ**

うに脳を使っています。

そしてなに事においても、脳を使うこと、すなわち**しっかりとしたメンタルを保つ**ことで、結果が大きく変わることを経験してきました。例えば、連戦中であっても、調子がいいと感じているときは疲れを感じないのに、調子が上がらないときというのは、試合間隔があったとしても疲れを感じる。また、調子が悪かったのに、ポンと出た結果がきっかけとなって調子が上がっていく、ということがよくありました。

これはなぜだろう……そう考えたとき、体とメンタルはとても密接な関係にあるのだと思いいたりました。**体を支配しているのはメンタルであり、メンタルを支配しているのは体である**、ということです。先に体幹トレーニングの効果として疲労をコントロールできると書きましたが、それは体を整えることでメンタルを支配することができる、と実感したから。だとすれば、トレーニングにおいてもしっかりと**メンタルを保つことでより効果が出る**のではないか。そう思い、目標を持つ、鍛えられている部分を意識する、といった意識改革をしトレーニングを行うようになりました。その効果はとても大きかったといえます。今までよりも**短い時間、回数でも効果が出る非常に効率の良いトレーニング**になったのです。

長友 Check!

体でメンタルを、メンタルで体をコントロールする

POINT 4

体を知る

自分の体を知ること

やり続けて気付いた「背骨」と「骨盤」の重要性

〝脳を使って〟質の高いトレーニングをする重要性を書きましたが、そのときに必要なことが、**自分の体を知る**ことです。

僕は、大学時代に腰椎《ようつい》分《ぶん》離《り》症《しょう》とヘルニアを患《わずら》っていたこともあり、自分の体のどこが悪いのか、どうすれば治せるのか、ということをずいぶんと調べました。また、より質の高いトレーニングの方法についても自分なりに研究しました。大学時代にお世話になったトレーナーの芝田貴臣さんや、今でもお世話になっている木場克己さんらその道のプロの方に話を聞いたり、トレーニングや腰痛の治療に関する本をいくつも読んだり。

そうして自然と体のメカニズムについても造詣《ぞうけい》が深まり、どういう部位を鍛えれば、どういう効果があるのか、ということが分かるようになりました。これは、僕が**体幹トレーニングをして飛躍的に身体能力が向上したことと無関係ではない**と思います。

自分自身に今、足りない筋力とはどんなものか。そのためにはどこの部位を鍛えれば良いか。質の高いトレーニングを行うには、こういった情報は非常に重要になります。

例えば、昨今トレーニングに関する本には「骨盤」の重要性がよく書かれていますが、果たしてどのくらいの人が、実際に「骨盤」を意識できているでしょうか。漠然と腰あたり、と考えていたり、そこまで意識せずに紹介されているトレーニングをこなしているだけという人も多いのではないでしょうか。

かくいう僕も昔はそうでした。しかし、いろいろと勉強をし、トレーニングをしてきたことで、今では「骨盤」がどういう部位で、どういう働きをしているか、そして**自分の骨盤が「今、立っている、寝ている」ということまで分かる**ようになりました。そうして自分の体の強いところ、弱いところを知った僕は、それに対応するトレーニングをチョイスし、行っています。今は、「骨盤」と「背骨」が僕の中でとても重要な部位になっています。特に「背骨」は、そこから伸びていく一本一本の神経にまで意識をできるようになりました。

質の高いトレーニングをするには、きちんと**体の部位を知り、自分の体を知ることが必要**なのです。次のページに体の各部位の説明をまとめていますので、まずはここをチェックしてからトレーニングをしてみてください。

長友 Check!

体を知れば、効果も倍増する

体幹トレーニングに重要な 体の部位と働き

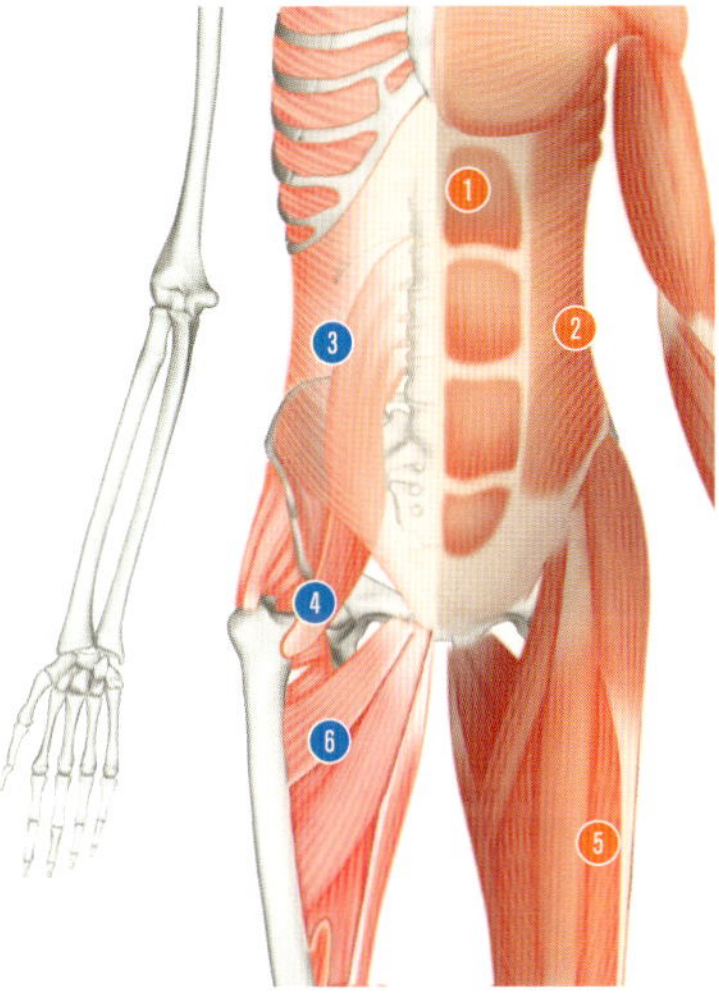

1 腹直筋（ふくちょくきん）

鍛えると **美しい腹筋に**

腹筋を代表するお腹の前面にある筋肉。「割れた腹筋」はここのこと。

2 腹斜筋（ふくしゃきん）

鍛えると **ウエストシェイプアップ**

わき腹にある筋肉。強化で腰の素早い回転を促す、くびれを作る。

3 腹横筋（ふくおうきん）

鍛えると **ぽっこりお腹解消**

腹直筋、腹斜筋の深部、背骨から内臓を囲む。強化で腹圧を高める。

4 腸腰筋（ちょうようきん）

鍛えると **運動能力向上**

内臓後ろの大腰筋、腸骨筋などからなる筋肉群。走力などがアップ。

5 大腿四頭筋（だいたいしとうきん）

鍛えると **下半身の安定**

太ももの前部の筋肉。強化で走力、キック力アップ、腰痛の解消に。

6 内転筋（ないてんきん）

鍛えると **ケガ防止**

太ももの内側の筋肉。強化で、踏み出す力のアップやケガ防止などにつながる。

7 広背筋（こうはいきん）

鍛えると **パワーアップ**

背中にある大きな筋肉。強化で速い球を投げたり、「逆三角形の体」を作れる。

8 脊柱起立筋（せきちゅうきりつきん）

鍛えると **きれいな姿勢に**

背中の深部、首から骨盤をつなぐ筋肉。体の軸を作り、体幹トレに欠かせない。

9 中臀筋（ちゅうでんきん）

鍛えると **ヒップアップ**

お尻の側面、腰の両側にある。強化でジャンプ力アップ、ヒップアップ効果など。

10 大臀筋（だいでんきん）

鍛えると **走力、跳力アップ**

お尻全体を覆う筋肉。強化で走る力、跳ぶ力アップ、ヒップアップ効果など。

11 大腿二頭筋（だいたいにとうきん）

鍛えると **ダッシュ力アップ**

太もも裏側にある筋肉。ハムストリングの一部。強化でダッシュ力アップなど。

12 骨盤（こつばん）

寛骨、仙骨、尾骨からなる骨。骨盤を意識できるようになるストレッチは P89。

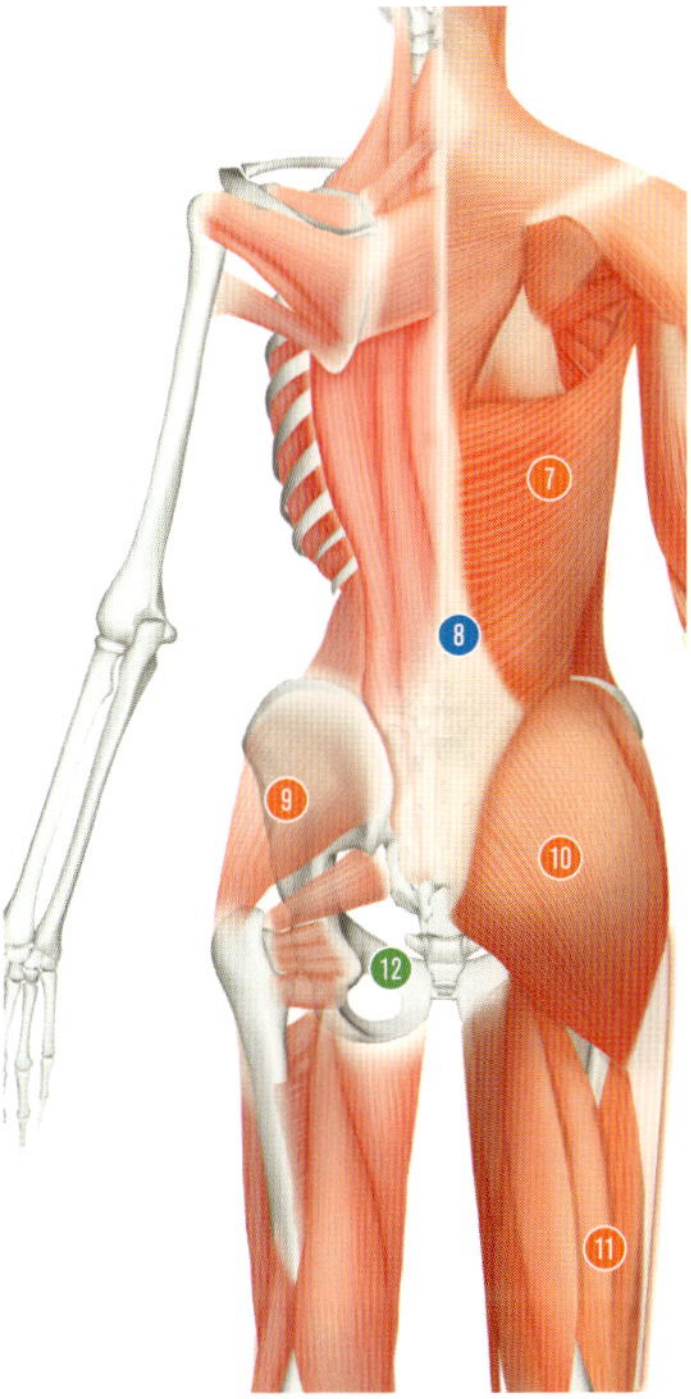

●インナーマッスル…表層ではない、骨格や内臓に近い深層にある小さな筋肉群。全身のバランスを整える。

●アウターマッスル…大胸筋などの体の表面に近い部分にある大きな筋肉群。肥大することでパワーがつく。

POINT 5

順番を知る

筋肉は連動しなければ意味がない

正しいストレッチから「インナー」→「アウター」→「連動」の順に

僕にとって**「体幹」と「走力」がサッカー選手としてのバロメーター**です。

調子が悪いときというのは、一つひとつのプレーにブレを感じます。そうなると悪循環。どうにかして走力でカバーしようと余計な筋肉を使い、結果、使う必要のないエネルギーを消費する。そして当たり負けしやすい。疲れやすい……。メンタル的にも、ふだんではいくら大きい選手が相手でも「俺のほうが〝芯〟は強い」という自信を持てるのに、怖さを感じることもあります。

ただ、そういった不安を感じるようなときが、調子のいいときと比べて圧倒的に筋力が落ちているわけではありません。ケガなどで戦線を離脱した後などにはそういうこともあるでしょうが、コンスタントに試合に出ているのに、そういった好不調の波が訪れるのはなぜでしょうか。

その答えは、**鍛えた筋肉が、使えない筋肉だった**ということです。後記していますが、

長友 Check!

長友式で本物の〝使える筋肉〟を手に入れる

僕は高校時代ウエイトトレーニングをたくさんやりました。腹筋は割れ、ベンチプレスも１００キロを上げるような筋骨隆々な体をしていたのです。しかし、それでも試合でのパフォーマンスは向上しませんでした。走力は落ち、当たり負けし、ついには腰を痛めてしまったのです。腹筋を鍛えれば腰痛にならない、と言いますが、僕は腹筋が十分にあったはずなのに、腰痛になってしまったのです。

大学時代から本格的に体幹トレーニングに取り組み始め、その答えが分かりました。いくら見てくれの筋肉が良くても、試合で使えるためのトレーニングの順番、考え方を持てなければ使える筋肉にはならない。つまり、**トレーニングも最終的に「連動すること」を意識しなければ意味がない**ということです。例えば蹴る動きというのは、足の筋肉だけを使うわけではなく、背中の筋肉やインナーマッスルなどさまざまな部位が「連なって動いて」います。ですから、トレーニングにおいても、その個々の筋肉を鍛えるのではなく、連動するトレーニングをしなければ意味がない。

この本では、「連動する〝使える筋肉〟」にするために、ストレッチ、インナー系のトレーニング、アウター系のトレーニング、連動トレーニングの順に取り組んでもらいたいと思います。詳しくは、次のページで確認してみてください。

長友式体幹トレーニングのやり方

1 効果のある順番で行う

1

ストレッチ

ストレッチで
体をリセットする

最後にまたしっかりと
ストレッチを行う

2 20種目の中から目的に合わせてメニューを組む

	（インナー系）			トレーニング（アウター系）						トレーニング（連動）							
	04	05	06	07	08	09	10	11	12	13	14	15	16	17	18	19	20
				●		●				●		●					
						●		●					●		●		
	●				●		●		●		●			●			●
		●	●	●		●		●		●		●				●	
	●	●	●		●	●		●			●			●		●	
	●					●	●					●		●			
	●			●					●	●		●					
		●					●		●						●		●

2 インナー系のトレーニング

インナーマッスルを中心に鍛える

3 アウター系のトレーニング

アウターマッスルを中心に鍛える

4 連動トレーニング

使える筋肉を作るトレーニングを行う

	ストレッチ										トレーニング		
	01	02	03	04	05	06	07	08	09	10	01	02	03
ダイエットをしたい			●					●	●		●		●
腹を凹ませたい		●						●		●	●	●	
ブレない体を作りたい		●				●	●				●		●
キック力をつけたい		●	●		●								●
投げる力をつけたい			●	●				●					
姿勢をよくしたい	●					●	●				●		
腰痛を解消したい	●		●			●						●	
疲れにくい体を手に入れたい	●			●				●				●	

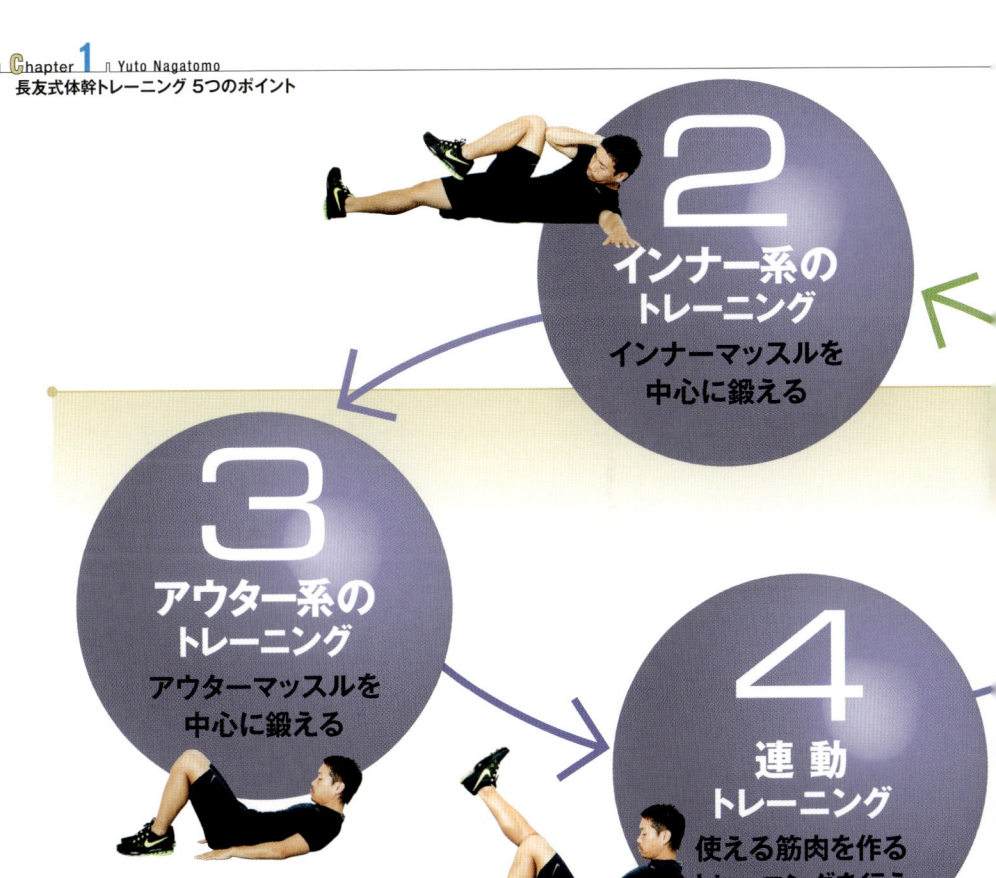

自分の中の
強い気持ちが
新しい道を作る

Chapter 2 ▷

長友式体幹トレーニング
ストレッチ編

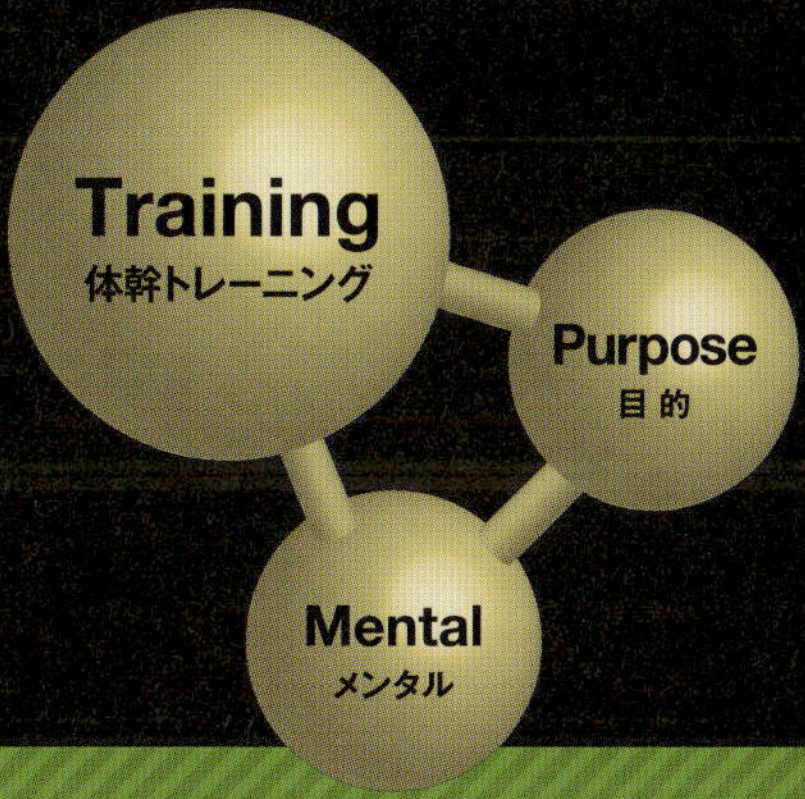

体幹トレーニングとの出会いが、僕のサッカー人生にとって大きな転機となったわけですが、そのトレーニングの効果を最大化するために必要なことに**「準備」**があります。

体幹トレーニングの場合、その準備は**「ストレッチ」**。

ストレッチはケガなどを防ぐ**「障害予防」**だけでなく、体の可動域を増やし、また体幹を鍛《きた》える要素も持っています。

ここでは僕自身も毎日やっているストレッチを紹介していきます。

決して難しいものではありませんので**伸びている箇所をしっかりと意識する**ことを忘れずに取り組んでください。

1 両手をついて座り脚を組む

時間 6~10秒

立てたヒザにくるぶしが当たるように脚を組む。大臀筋が伸びていることを意識しながら息を吐く。反対の脚も行う。

STRETCH
ストレッチ 01

お尻を伸ばす

意識する箇所
【ほぐされる箇所】

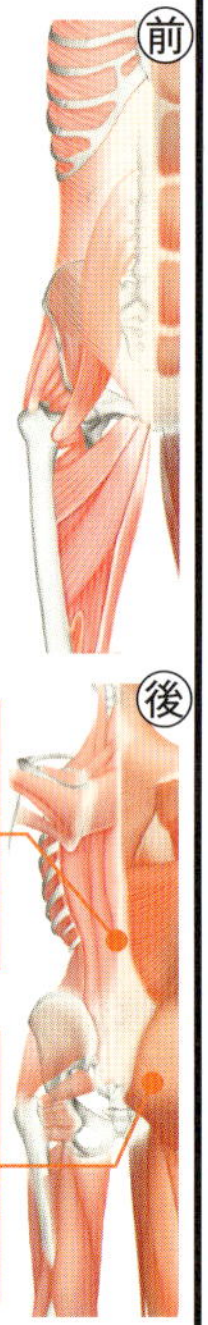

DVD ストレッチ編-01

Point!

- お尻を意識する
- 伸ばしているときにゆっくりと息を吐く

STRETCH
ストレッチ 02

わき腹を伸ばす

意識する箇所
【ほぐされる箇所】

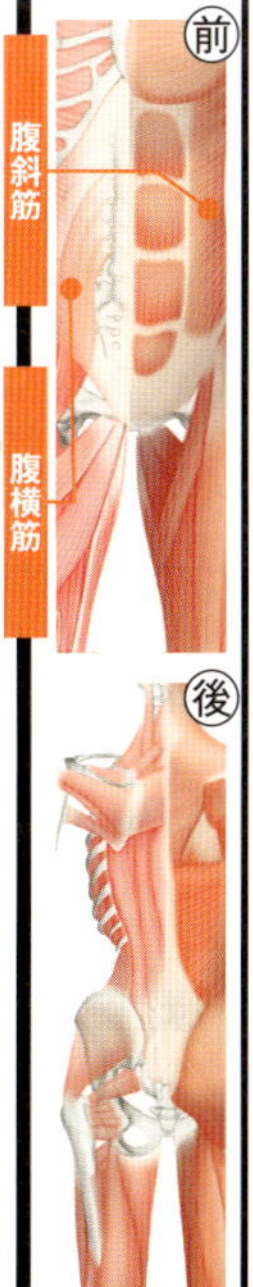

1 両手をつき片脚を曲げる。曲げた方向へ体をひねる

時間 6~10秒

曲げたヒザは90度、手は肩の真下に。目線をひねる方向に向け、わき腹が伸びていることを意識しながら息を吐く。脚を変え反対も行う。

別アングル

DVD ストレッチ編-02

Point！

- わき腹とお尻を意識する
- 伸ばしているときにゆっくりと息を吐く

STRETCH

ストレッチ 03

股関節と背中を伸ばす

意識する箇所【ほぐされる箇所】

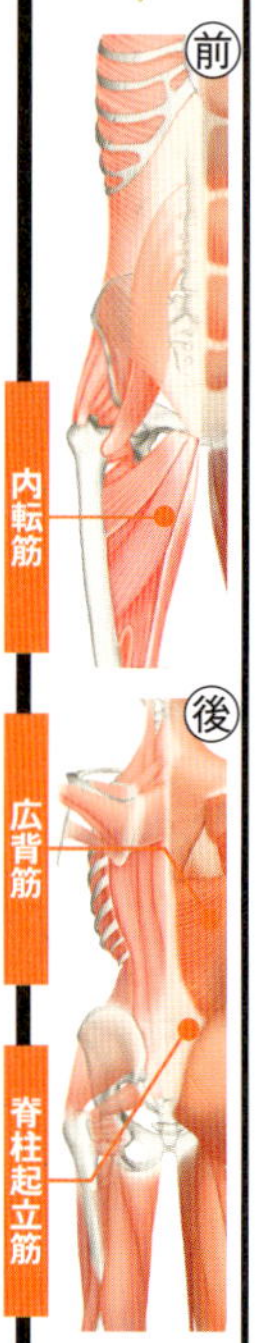

DVD ストレッチ編-03

1 脚を開き ヒザに両手をつく

少しかがむような姿勢で開いたヒザに手を置く。背中が曲がらないよう意識し、目線は真っすぐ前。

2 片方の肩を 体の前へ

時間 ポーズをとってから6～10秒

下半身を固定し、肩を前へ出すイメージでひねる。目線もひねった方向へ。交互に数回繰り返す。

3 ヒザにヒジを 持っていく

時間 ポーズをとってから6～10秒

ヒジをヒザにつける。股関節と背中が伸びていることを意識する。

Point！

- 股関節と背中を意識する
- 伸ばしているときにゆっくりと息を吐く

STRETCH
ストレッチ 04

もも裏を伸ばす

意識する箇所
【ほぐされる箇所】

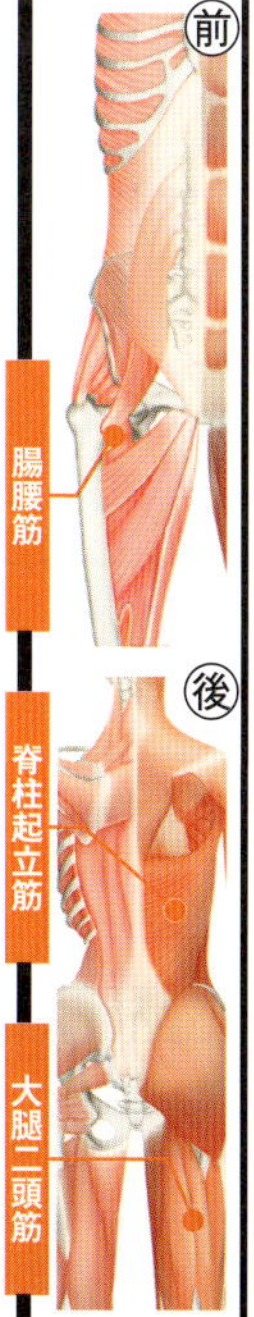

DVD ストレッチ編-04

1 片脚を伸ばし体を前へかがませる

時間 ポーズをとってから6～10秒

もも裏を意識し息を吐く。伸ばした脚のつま先はつかまず軽く添えるだけのイメージ。反対の脚も行う。

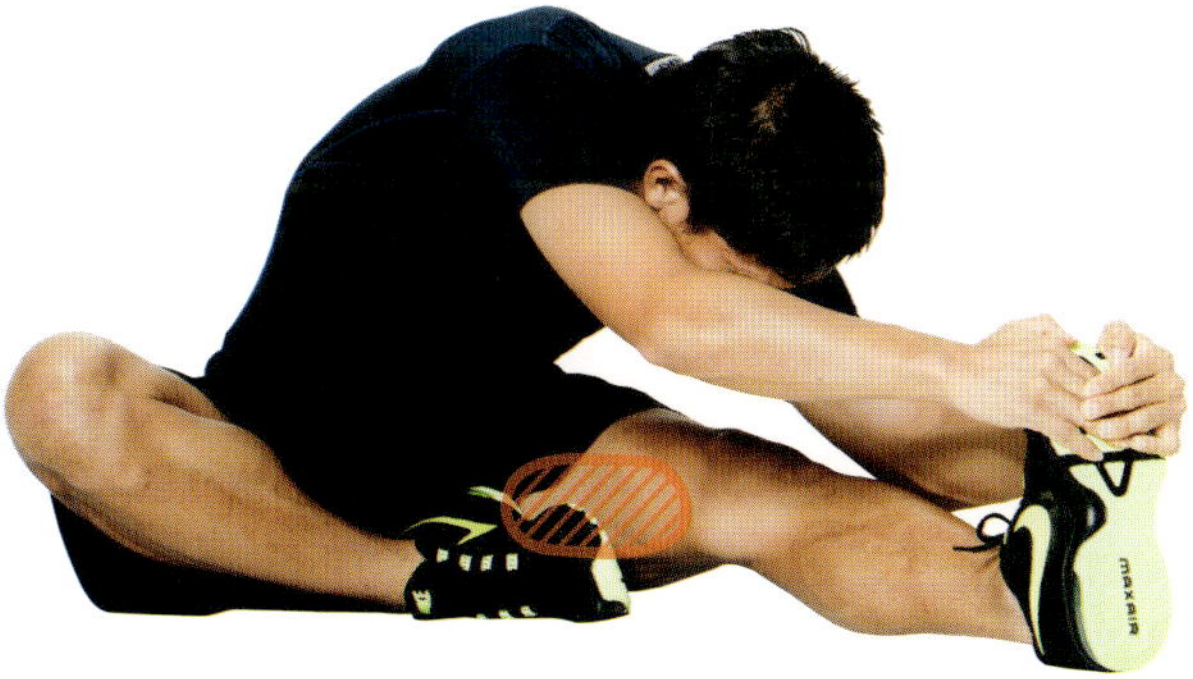

より深い筋肉をほぐす

伸ばした側の脚のヒザを曲げて同じ体勢のストレッチ。もも裏のより内側のストレッチになる。体が固い人はこちらからでもOK。

Point!

- もも裏を意識する
- 伸ばしているときにゆっくりと息を吐く

STRETCH
ストレッチ 05

内転筋と背中を伸ばす

意識する箇所
【ほぐされる箇所】

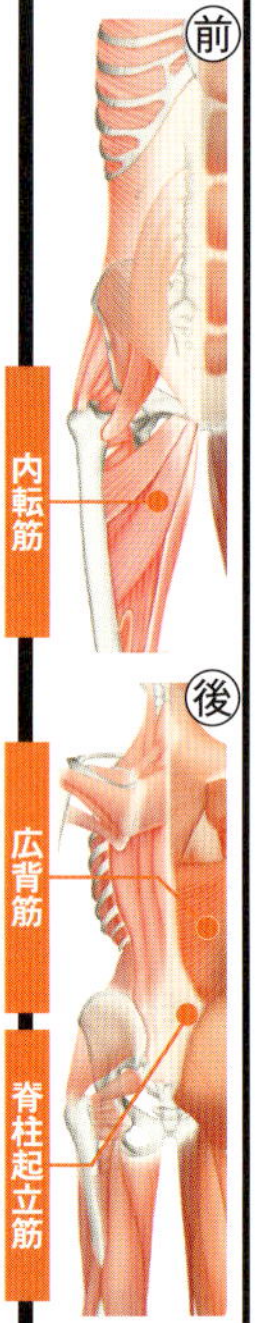

DVD ストレッチ編-05

1 足の裏を合わせるようにして座る

かかとを股関節のほうへ引きつけ、背筋を伸ばす。目線は真っすぐ前。内転筋が伸びていることを意識し息を吐く。

2 そのまま上半身を前傾させる

時間 ポーズをとってから6～10秒

背骨の一本一本が伸びていくイメージを持ち、息を吐きながら上半身を前へ傾ける。

別アングル

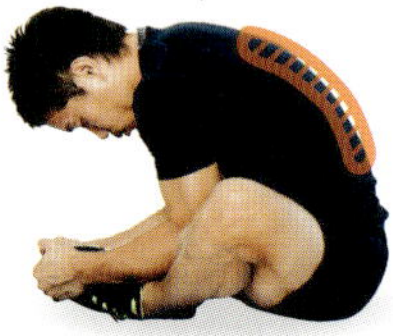

Point !

- 内転筋と背中部分を意識する
- 伸ばしているときにゆっくりと息を吐く

STRETCH
ストレッチ 06

股関節を伸ばす

意識する箇所
【ほぐされる箇所】

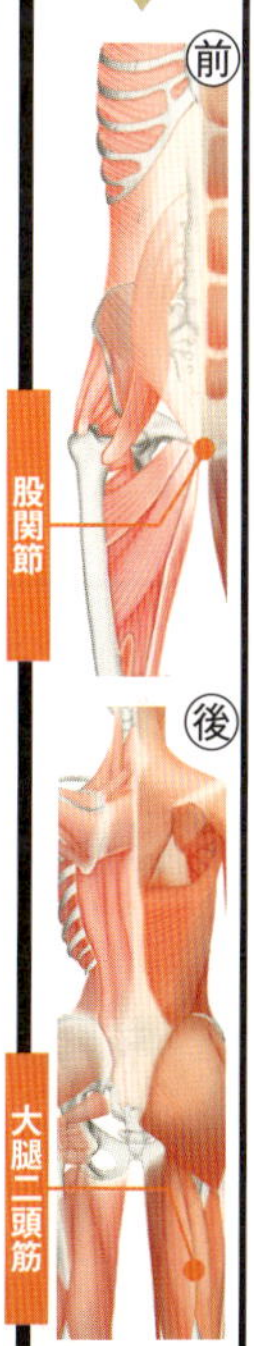

1 仰向けに寝転がる

つま先を真っすぐ上に向け仰向けに寝転がる。腰が浮かないように、なるべく床にくっつけるようにする。

2 片脚を胸まで引きつける

時間 3秒で引きつけ7秒キープ

ヒザに手を当て、息を吐きながら3秒で胸のほうへ引きつけていく。息を吐ききったところで7秒自然呼吸。反対も行う。

DVD ストレッチ編-06

Point!

- 股関節を意識する
- 伸ばしているときにゆっくりと息を吐く

STRETCH

ストレッチ 07

腰と股関節のつけ根を伸ばす

意識する箇所【ほぐされる箇所】

DVD ストレッチ編-07

1 片脚に体重を乗せる

腰に手を当て、片方の脚に体重を乗せる。上半身があまり動かないようにすること。

2 腰を回転させる

当てていた手で押し出すようにして腰を回転させる。右脚に体重を乗せていれば右回り→左回りの順に。

Point !

- 腰と股関節を意識する
- 伸ばしているときにゆっくりと息を吐く

3 反対の脚に体重を乗せる

体重を乗せる脚を逆にする。

4 腰を回転させる

こちらも腰に当てた手で押し出すように回転させる。左回り→右回りの順に。

frame advance

1 → 2

3 → 4

STRETCH

ストレッチ 08

体全体を伸ばす

意識する箇所
【ほぐされる箇所】

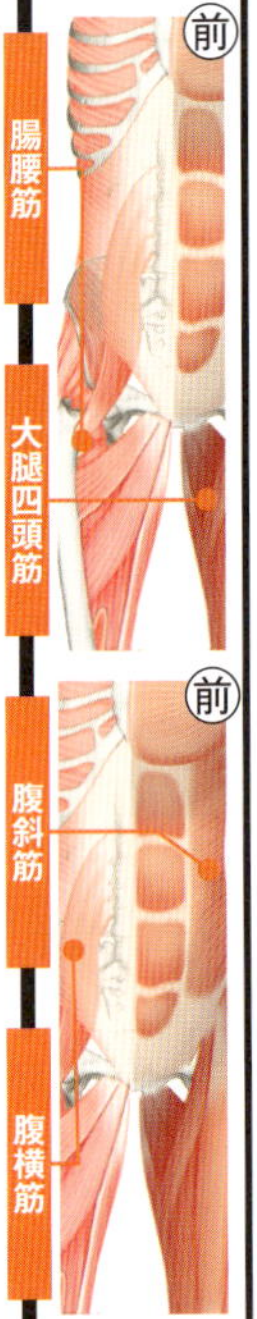

DVD ストレッチ編-08

Point!

- ほぐされる部分を意識する
- 伸ばしているときにゆっくりと息を吐く

1 片ヒザを立て両手を頭上へ

片脚はヒザをつき、もう一方はヒザを立てる。目線を前にしながら両手を真っすぐ上に上げ重ねる。

2 上半身を真横に傾ける

時間 ポーズをとってから6~10秒

息を吐きながら上半身をゆっくり真横に倒していき、吐ききったらゆっくり戻す。太もも、腸腰筋を意識。

3 上半身を戻し傾けた方向へひねる

時間 ポーズをとってから6~10秒

息を吐きながら倒したほうの上半身をゆっくりひねり、吐ききったらゆっくり戻す。腹斜筋、腹横筋を意識。反対側も行う。

STRETCH
ストレッチ 09

体の後ろ側を伸ばす

意識する箇所
【ほぐされる箇所】

DVD ストレッチ編-09

Point !

- ほぐされる部分を意識する
- 伸ばしているときにゆっくりと息を吐く

1 仰向けに寝て両手を広げる

軽く脚を開き寝転がる。 真横に右の指先と左の指先が一直線になるように手を広げる。

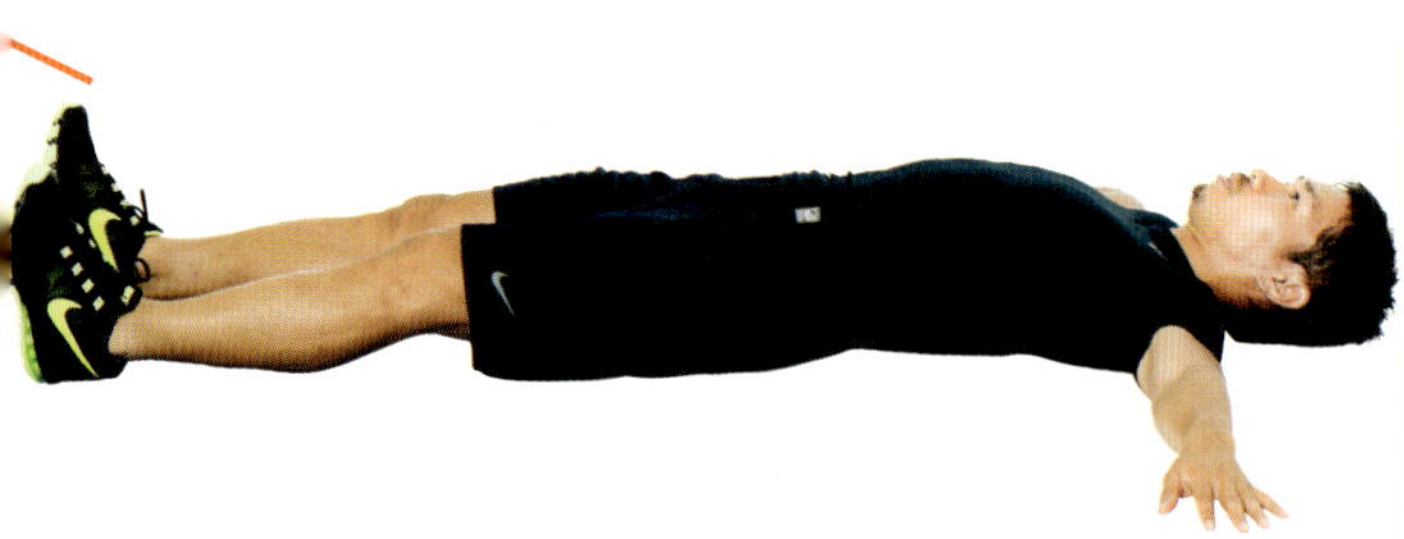

2 片脚を真上に真っすぐ上げる

時間 3秒で上げる

息を吐きながら片脚を真上に上げていく。もも裏を意識する。ヒザが曲がらないように注意。

3 腰をひねりながらゆっくり倒す

時間 3秒で倒し7秒キープ

真上にある脚を腰をひねりながらゆっくりと倒していく。このときも息を吐きながら背中の筋肉を意識する。

STRETCH ストレッチ 10

お腹と股関節を伸ばす

意識する箇所
【ほぐされる箇所】

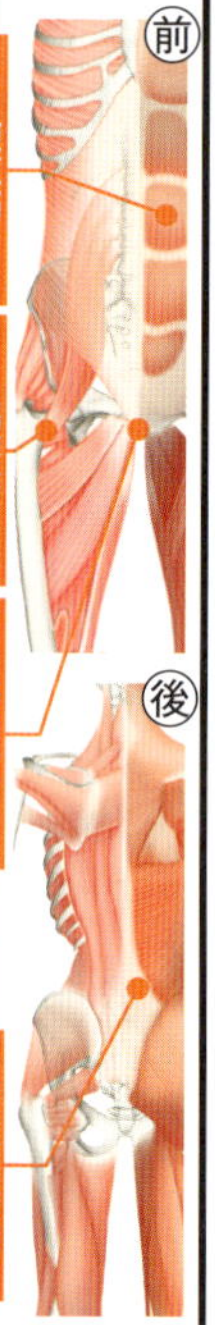

1 うつ伏せで片脚を曲げる

胸を床にしっかりとつけ、うつ伏せの状態になる。
そこからおへその位置まで片脚を引き上げる。

2 ヒジを立てて、上半身を起こす

時間 ポーズをとってから6～10秒

ゆっくりとヒジを立て、上半身を起こしてい
く。腰が浮かないように注意しお腹を伸ばす。

別アングル

DVD ストレッチ編-10

Point !

- お腹と股関節を意識する
- 伸ばしているときにゆっくりと息を吐く

Chapter 1 ★ Chapter 2 ★ Chapter 3 ★ Chapter 4 ★ Chapter 5 ★

Chapter 3 ▷

長友式体幹トレーニング 実践編

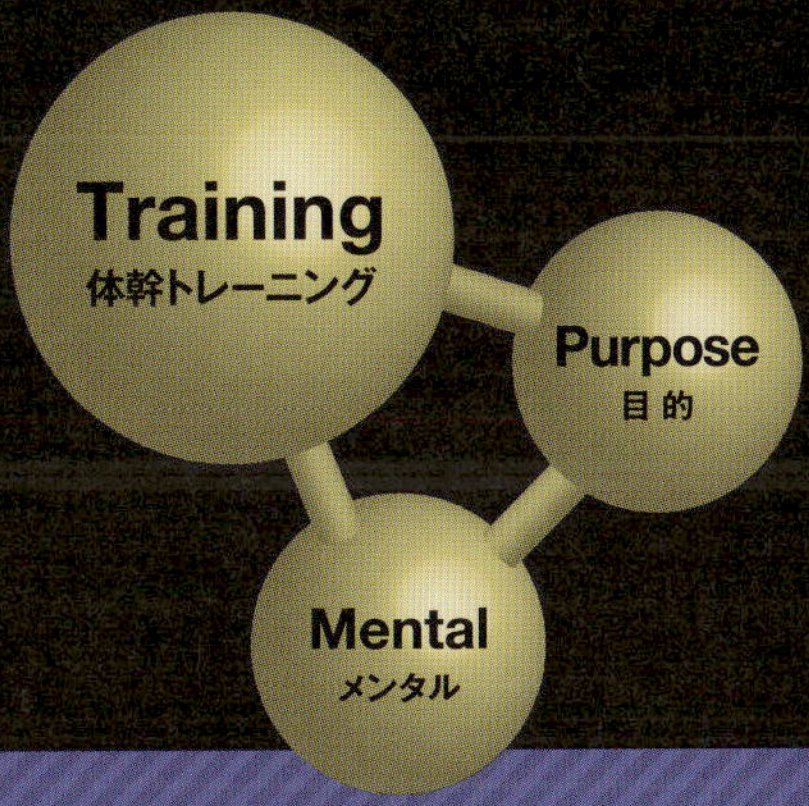

ここから実践的な**「長友式体幹トレーニング」**について紹介していきます。

今回は僕自身がこれまで行ってきたものの中から20メニューを厳選しています。

この20個は、僕がこれまで経験した体幹トレーニング、体やトレーニングについていろいろと勉強してきた知識を総合して、必要だと思ったものをすべて網羅《もうら》したものです。

次の章、Chapter4では、この20個とChapter2のストレッチの中から「ダイエットをしたい」「お腹を凹ませたい」「腰痛を解消したい」「キック力をつけたい」など8つの目的に応じたトレーニングメニューを組んでいます。

ですからまずは、この**20メニューについて正しいフォーム、呼吸法をしっかりとマスター**してください。

インナー系

TRAINING
トレーニング【インナー系】01

水平クランチ

鍛えられる箇所

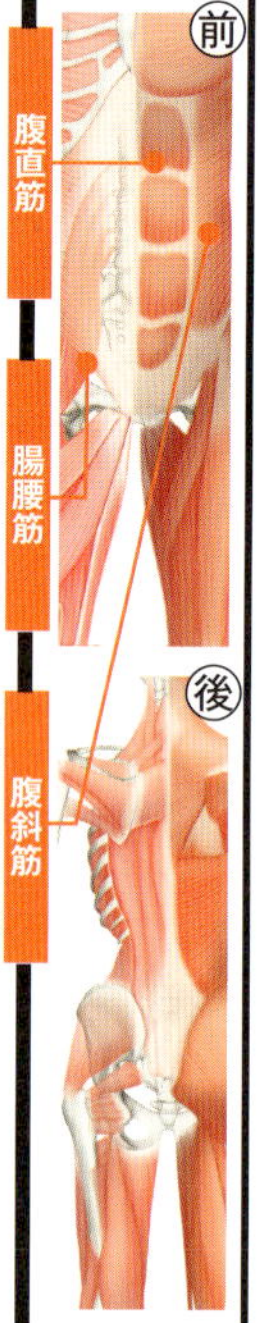

1 仰向けの状態でヒザを立てる

手のひらを下にして、両手をつく。2への動き出しは手と脚同時にする。

2 脚を上げながら両手を水平に

時間 3秒かけて2のポーズに。そこから3秒キープ

3秒かけて、脚を90度、肩、頭を上げて両手をおへその高さで水平にする。そのまま3秒キープしたらゆっくり戻す。これを繰り返す。

呼吸法 動き出しからキープまで息を吐く。自然呼吸で戻す

DVD 実践編1-01

レベル別回数

5回	初級レベル
10回	中級レベル
20回	上級レベル

TRAINING

トレーニング
【インナー系】 02

ダブルニートゥーチェスト

鍛えられる箇所

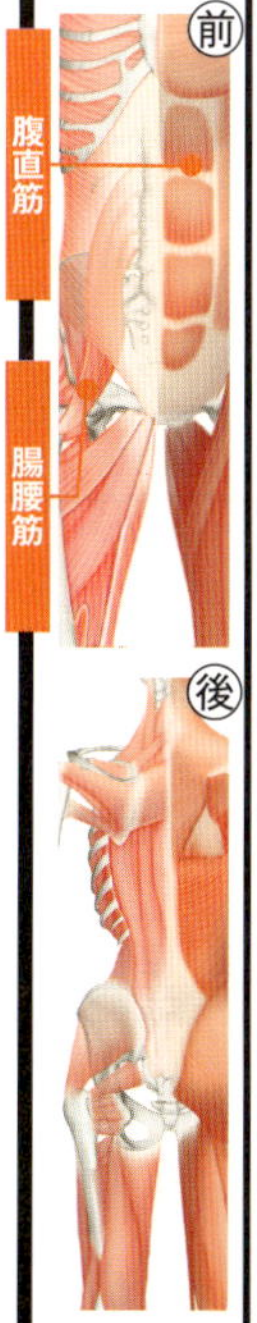

1 両ヒジを地面につき、ヒザを立てる

スタートポジションはリラックスを心掛ける。

2 お腹を縮めながらヒザを引きつける

時間 息を吐ききるところまで引きつける

お腹の筋肉、特に内側を固めるイメージで力を入れる。そこから脚を引き上げ、息を吐ききるまで引きつけたら下ろす。これを繰り返す。

呼吸法 息を吐ききるまで引きつける。自然呼吸で戻す

DVD 実践編1-02

レベル別回数

5回	初級レベル
10回	中級レベル
20回	上級レベル

TRAINING
トレーニング【インナー系】 03

サイドブリッジ

鍛えられる箇所

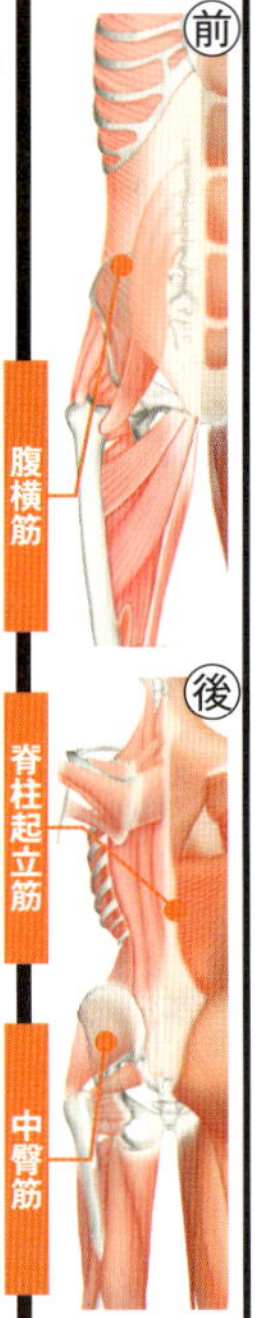

DVD 実践編1-03

レベル別回数

左右各 5 回	初級
左右各 10 回	中級
左右各 20 回	上級

1 横向きで手を床につけ、お腹を持ち上げる

支える側とは反対の手は腰に。お尻が下がらないように真っすぐに。

呼吸法 自然呼吸（息を止めない）

2 腕を真っすぐ前に出してキープ

時間 **ポーズをとってから5秒キープ**

1の姿勢が固定できたタイミングで、肩から真っすぐ手を伸ばす。崩れそうになるバランスをわき腹で支えるイメージ。そこでキープ。

反対側も行う。

別アングル

簡単バージョン

腕を伸ばして行うのがキツければ、ヒジをついて挑戦しよう。

TRAINING

トレーニング【インナー系】 04

片脚サイドブリッジ

鍛えられる箇所

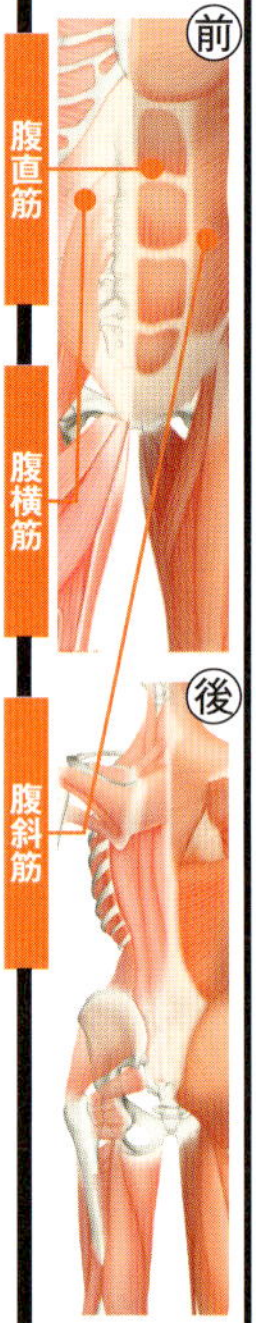

DVD 実践編1-01

レベル別回数

左右各 5 回 ▶ 初級
左右各 10 回 ▶ 中級
左右各 15 回 ▶ 上級

1 横向きの姿勢でヒザを曲げ片ヒジをつく

両ヒザを曲げた状態で横向きになり、上半身を持ち上げるように片ヒジをつく。

2 骨盤を動かさないように片足を真っすぐ伸ばす

時間 5秒キープ

骨盤を持ち上げるようにしてお腹を上げ、同時に脚を真っすぐ伸ばしてキープする。反対の脚も行う。

呼吸法 自然呼吸（息を止めない）

わき腹を鍛える
ワンランクアップトレーニング

両脚を揃えて横向きに寝る。床についた手は真っすぐ前に伸ばす。

↓

耳の横に手を置き、V字にわき腹を縮めるイメージで脚と頭を同時に真上のほうへ上げる。目線はおへそへ、縮める部分をしっかり意識する

インナー系

TRAINING

トレーニング
【インナー系】
05

クロスクランチ

鍛えられる箇所

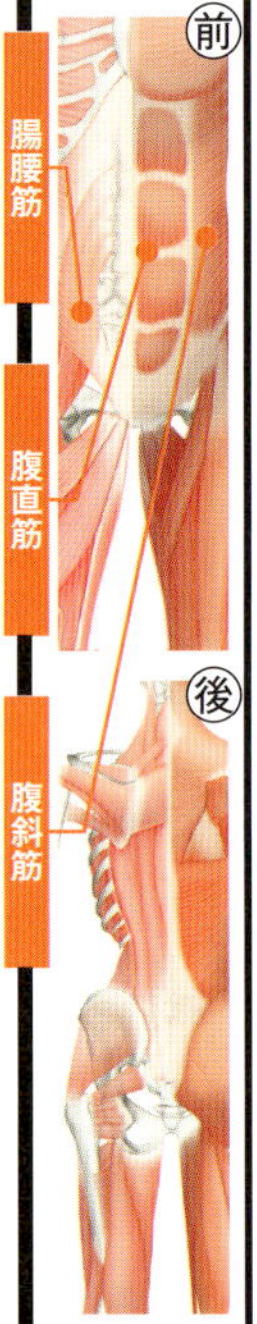

DVD 実践編1-05

1 仰向けになり、広げた手のほうのヒザを立てる

片手を耳に、片手を広げる。ヒザが立っていないほうの脚はつま先を真っすぐ上に。

別アングル

2 ヒジとヒザをクロス

時間 3秒で上げて3秒キープ

ヒジとヒザをしっかりとくっつける。くっつける場所はできるだけ胸に近づけ、最低でもおへそより上に。目線はおへそへ。反対側も行う。

呼吸法 動き出しからキープまで息を吐く

レベル別回数

左右各 5 回 ▶ 初級
左右各 10 回 ▶ 中級
左右各 20 回 ▶ 上級

TRAINING
トレーニング【インナー系】06

片脚バックブリッジ

鍛えられる箇所

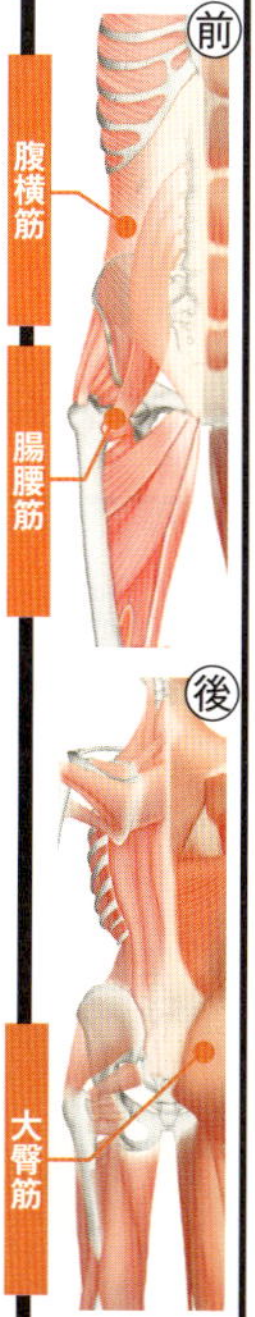

1 ヒザを立て仰向けに寝る

背中全面を床につけるイメージで仰向けに寝る。手のひらを下にし、両手をつき、ヒザを腰の幅に開き立てる。

2 腰を持ち上げ、片脚をヒザの高さに持っていく

時間 3秒で上げて3秒キープ

腰を持ち上げてから、片脚をヒザの高さまで真っすぐに伸ばす。腰とヒザ、かかとが落ちたり、反ったりせず、一直線になるイメージで。きつい人は手を水平に広げてもOK。反対側の脚も行う。

呼吸法 上げる→キープまで息を吐く。戻すときは自然呼吸。

DVD 実践編1-06

レベル別回数

左右各 5 回	初級
左右各 10 回	中級
左右各 20 回	上級

アウター系

TRAINING
トレーニング【アウター系】
07

クランチ

鍛えられる箇所

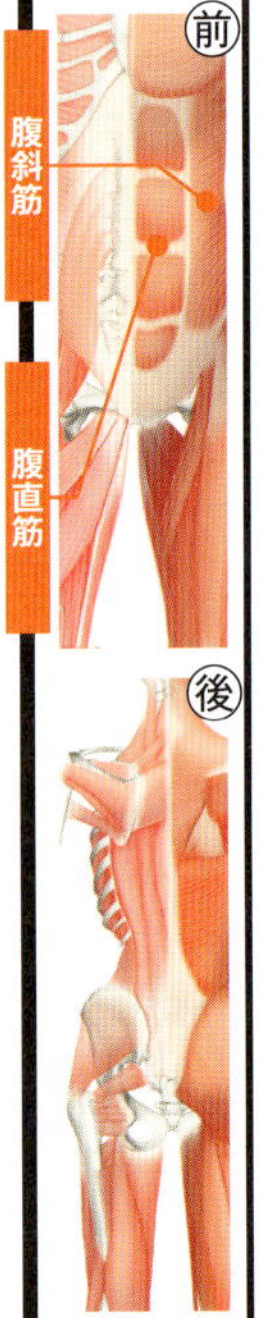

DVD 実践編1-07

1 仰向けに寝てヒザを立てる

手のひらを下にして、両手をつく。ヒザとヒザをくっつけ、腰を床にくっつけるイメージ。

2 お腹を縮めるように肩を上げる

時間 素早く上げて3秒キープ

丹田（おへその下）あたりを「固める」ようなイメージで両肩、頭を上げていく。ヒザ、腰が離れないように注意。

呼吸法 上げる→キープまで息を吐く。戻すときは自然呼吸

レベル別回数

5 回	▶	初級レベル
10 回	▶	中級レベル
20 回	▶	上級レベル

TRAINING
トレーニング【アウター系】08

バックキック

1 両ヒジをつき、四つん這いになる

背中は反り過ぎたり、丸まり過ぎないようにする。

2 真っすぐに片脚を伸ばす

時間 5秒キープ（初級）

片脚を後方へ伸ばす。肩とかかとのラインが一直線になるイメージを持ち、脚が上がり過ぎたり、下がり過ぎたりしないようにする。反対の脚も行う。

呼吸法 自然呼吸（息を止めない）

鍛えられる箇所▼

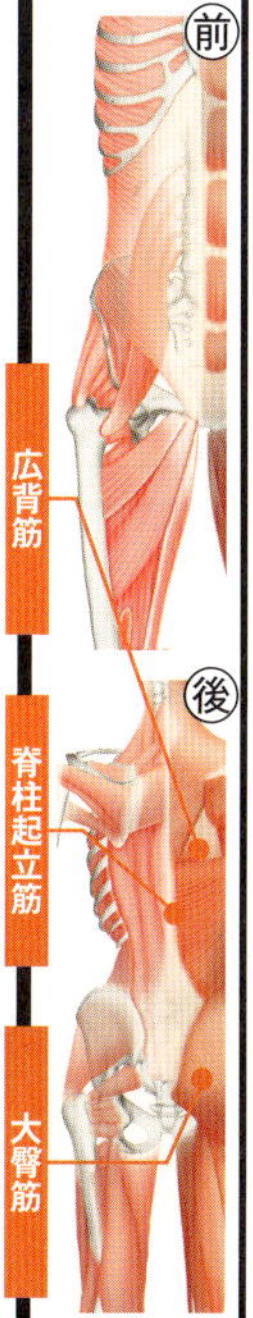

DVD 実践編1-08

レベル別回数

5	秒（左右各1～3set）	▶ 初級
10	秒（左右各1～3set）	▶ 中級
20	秒（左右各1～3set）	▶ 上級

アウター系

TRAINING
トレーニング【アウター系】
09

フロントブリッジ

鍛えられる箇所

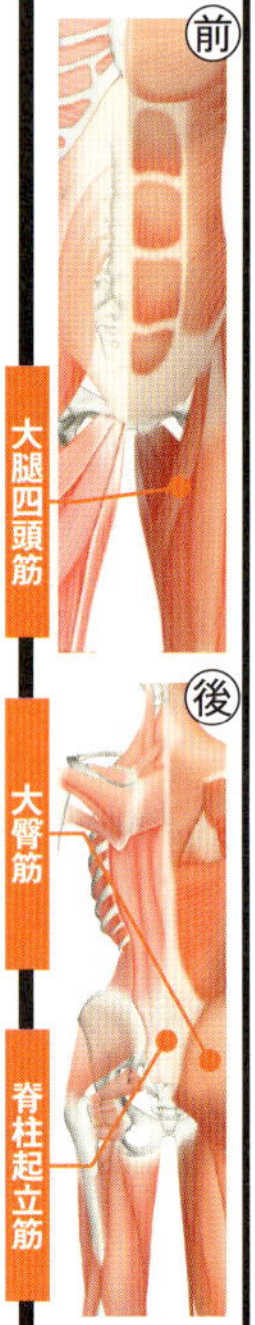

DVD 実践編1-09

レベル別回数

5秒	(×1～3set)	初級
10秒	(×1～3set)	中級
20秒	(×1～3set)	上級

1 脚を肩幅に合わせヒジをつく

うつ伏せの姿勢から腰を落として、ヒジを立てる。肩の真下にヒジがくるようにする。

2 腰を持ち上げて水平にキープ

時間 5秒キープ（初級）

お腹を締めることで腰を持ち上げる。背中、腰、お尻までを真っすぐに。腰、手に意識がいくと腰痛の原因になるので、お腹へ意識をやることが重要。

呼吸法 自然呼吸（息を止めない）

TRAINING
トレーニング【アウター系】 10

ヒジつきバックブリッジ

鍛えられる箇所

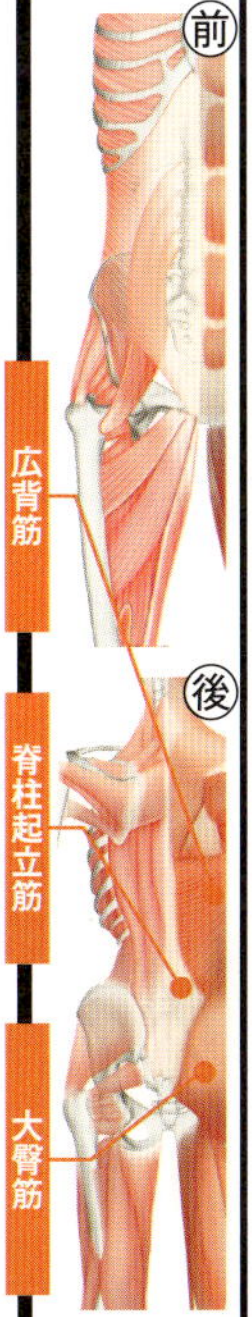

DVD 実践編1-10

1 仰向けの姿勢でヒジを立てる

仰向けの姿勢になり、両ヒジを床につける。肩の真下にヒジがくるようにする。

2 そのまま腰を持ち上げてキープする

時間 5秒キープ（初級）

体が真っすぐになるように骨盤を持ち上げキープする。骨盤が反ったり、落ちたりしないように。

呼吸法 自然呼吸（息を止めない）

レベル別回数

5 秒（×1～3set）▶ 初級
10秒（×1～3set）▶ 中級
20秒（×1～3set）▶ 上級

アウター系

TRAINING 11
トレーニング【アウター系】

もも上げフロントブリッジ

鍛えられる箇所

1 ヒジをつき腰を持ち上げる

うつ伏せになりヒジを立てる。お腹を締めることで骨盤を持ち上げるイメージ。

別アングル

2 片ヒザをお腹のほうへ引きつける

時間 3秒キープ

骨盤を固定させてから、片脚をお腹のほうに引きつけキープ。キープが難しい場合は、そのまま前後に動かすことから始めよう。反対の脚も行う。

別アングル

呼吸法 自然呼吸（息を止めない）

DVD 実践編2-11

レベル別回数

左右各	3 回	初級
左右各	5 回	中級
左右各	10 回	上級

TRAINING
トレーニング【アウター系】 12

バックブリッジ

鍛えられる箇所

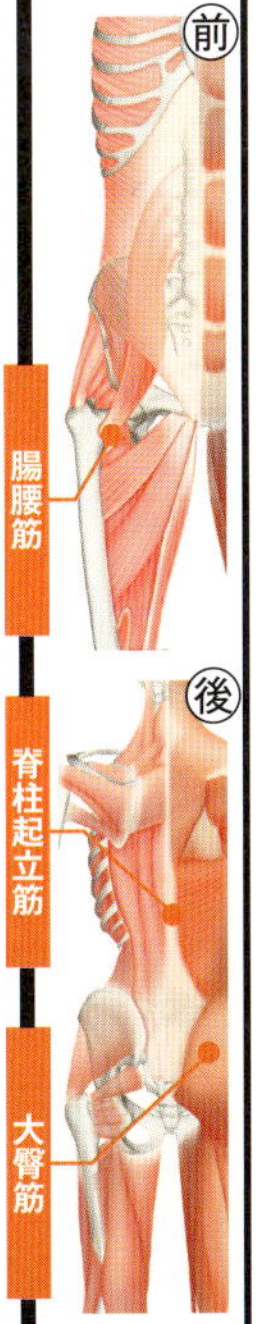

DVD 実践編2-12

1 仰向けに寝て両ヒザを立てる

手のひらを下にして、両手をつき、リラックスした状態で仰向けに寝転がる。脚は肩幅くらいに開く。

2 お腹を持ち上げ、背中を浮かせる

時間 3秒で持ち上げ5秒（初級）キープ

3秒かけて腰を浮かせる。肩からヒザまでを一直線にキープする。ヒザは90度になるように注意。

レベル別回数

5秒	(1～3set)	初級
7秒	(1～3set)	中級
10秒	(1～3set)	上級

呼吸法 上げる→キープまで息を吐く。自然呼吸で戻す

TRAINING 13

トレーニング【連動】

ツイストクランチ

鍛えられる箇所

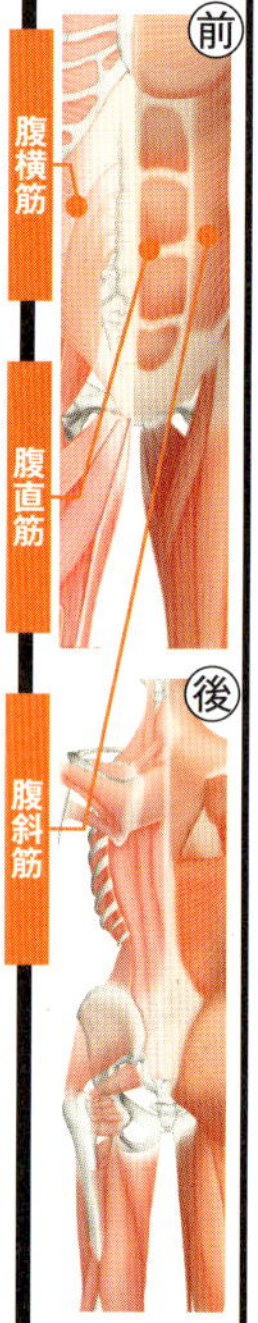

1 ヒザを曲げて寝転がり両手を合わせる

リラックスした状態で寝転がり、ヒザを曲げ、伸ばした両手を上部で合わせる。

2 肩を上げて反対側へひねる

時間 3秒でひねり5秒（初級）キープ

肩を上げながら3秒かけて体をひねり、2の姿勢でキープ。これを左右で行う。

呼吸法 上げる→キープまで息を吐く。自然呼吸で戻す

DVD 実践編2-13

レベル別回数

5	秒（左右各1～3set）	初級
7	秒（左右各1～3set）	中級
10	秒（左右各1～3set）	上級

TRAINING 14
トレーニング【連動】

バランスフロントブリッジ

1 ヒジをつき腰を持ち上げる

うつ伏せになりヒジを立てる。お腹を締めることで骨盤を持ち上げるイメージ。

2 クロスする手と脚を同時に動かす

時 間 3秒で持ち上げ3秒キープ

手、脚ともに反対側から引っ張られるイメージで真っすぐ伸ばす。脚を上げるイメージではないことと、バランスが崩れないことに注意。反対の脚も行う。

別アングル

呼吸法 自然呼吸（息を止めない）

鍛えられる箇所

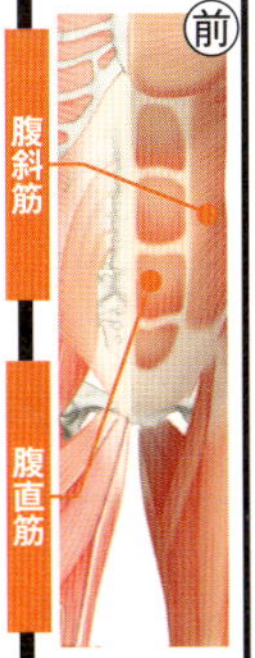

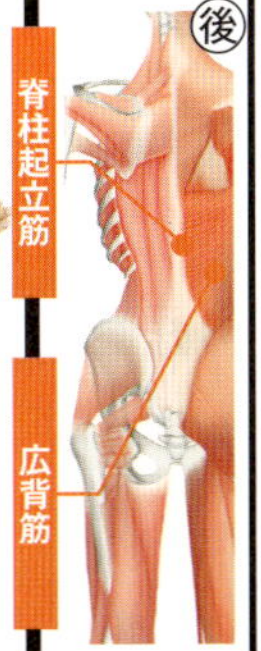

DVD 実践編2-14

レベル別回数

左右各 1 回	▶	初級
左右各 5 回	▶	中級
左右各 10 回	▶	上級

連動

TRAINING
トレーニング【連動】 15

ドローインVクランチ

鍛えられる箇所

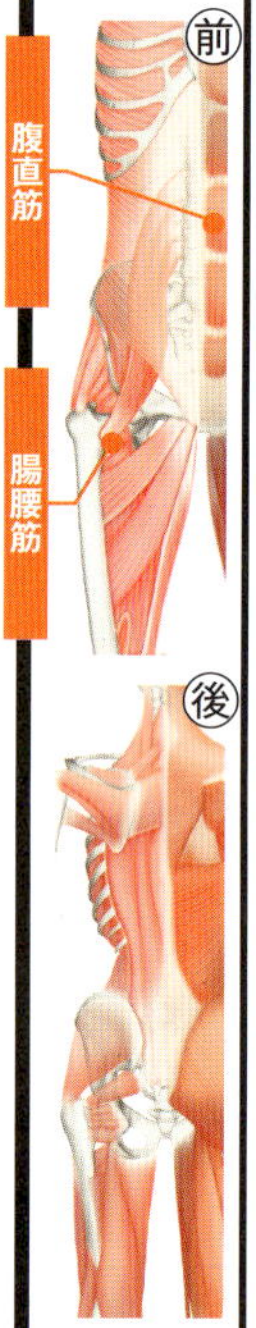

1 片ヒザを立て上体を起こしてドローイン

片ヒザを立て上体を起こしたところで息を大きく吸い込み、吐ききる（ドローイン・お腹を縮めるイメージ）。目線はお腹に。

2 ドローインしたまま片脚を上げる

時間 3秒で上げて3秒キープ

腰が浮かないように伸ばした脚をヒザの高さまで上げる。お腹を縮めたままに。片脚が終わったら反対の脚も行う。

呼吸法 動き出しからキープまで息を吐く。自然呼吸で戻す

DVD 実践編2-15

レベル別回数

左右各10回	1 set	初級
左右各10回	2 set	中級
左右各10回	3 set	上級

TRAINING
トレーニング【連動】16

Vクランチ

1 片ヒザを立てて仰向けになる

片ヒザを90度になるように立てて
両腕を斜め45度くらいに開く。

2 上体とヒザを同時に上げる

時間 3秒で上げて3秒キープ

お腹を固めるようにして上体と伸ばした脚を同時に上げる。脚の高さはヒザの高さ。かかとを地面につけずに戻し、繰り返す。反対の脚も行う。

呼吸法 動き出しからキープまで息を吐く。自然呼吸で戻す

鍛えられる箇所

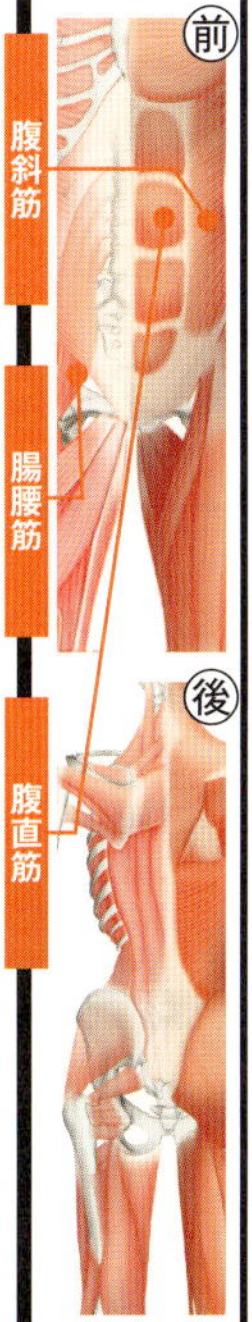

DVD 実践編2-16

レベル別回数

左右各 5 回	▶	初級
左右各 10 回	▶	中級
左右各 15 回	▶	上級

連動

TRAINING 17
トレーニング【連動】

バッククロスクランチ

鍛えられる箇所

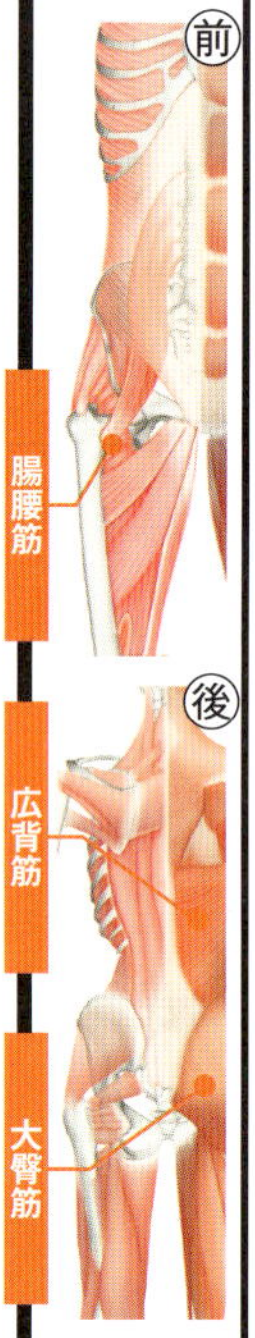

DVD 実践編2-17

レベル別回数

左右各5回	▶	初級
左右各10回	▶	中級
左右各20回	▶	上級

1 四つん這いの姿勢をとる

背中が丸まらないよう、骨盤を真っすぐにする。

2 ヒジとヒザをくっつけ、お腹を固める

クロスするヒジとヒザをおへその下あたりでくっつける。そこから息をしっかりと吐いてお腹を固める。

3 手と脚を素早く真っすぐ伸ばす

手脚を素早く伸ばす。伸ばした手とかかとが真っすぐ一直線になるよう。反り過ぎたり、低くなりすぎたりしないように注意。反対の脚も行う。

frame advance

呼吸法 1、3は自然呼吸。2のときしっかりと息を吐く

TRAINING
トレーニング 18

連動Vクランチ

鍛えられる箇所

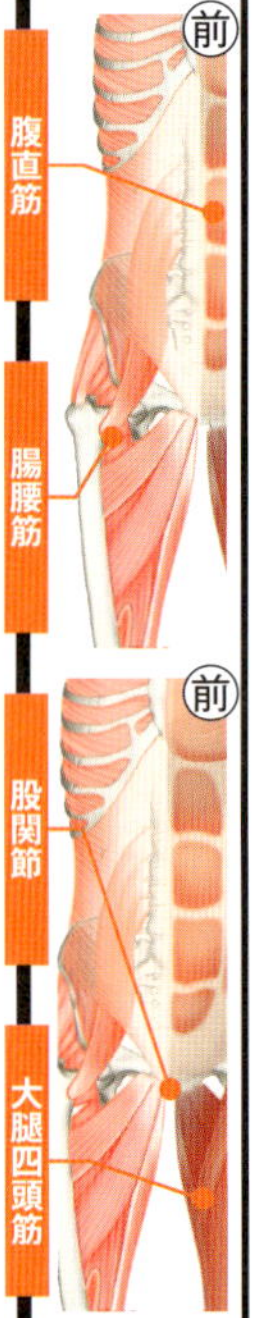

DVD 実践編2-18

レベル別回数

左右各 3 回 ▶ 初級
左右各 5 回 ▶ 中級
左右各 10 回 ▶ 上級

1 仰向けに寝転がり片ヒザを立てる

仰向けの状態で片ヒザを立てる。目線は真っすぐ上を見る。

2 片手を真っすぐ伸ばす

ヒザを立てたほうの手を真っすぐ耳の横に伸ばす。
伸ばした手は頭から離れないようにする。

3 片脚と手、頭を同時に上げる

時間 3秒で上げて3秒キープ

腹筋を縮め息を吐くドローインをしながら、頭、伸ばした手とクロスする脚を同時に持ち上げる。脚はヒザの高さに。

frame advance

呼吸法 持ち上げ、キープまで息を吐く

TRAINING
トレーニング【連動】
19

スイングサイドブリッジ

鍛えられる箇所

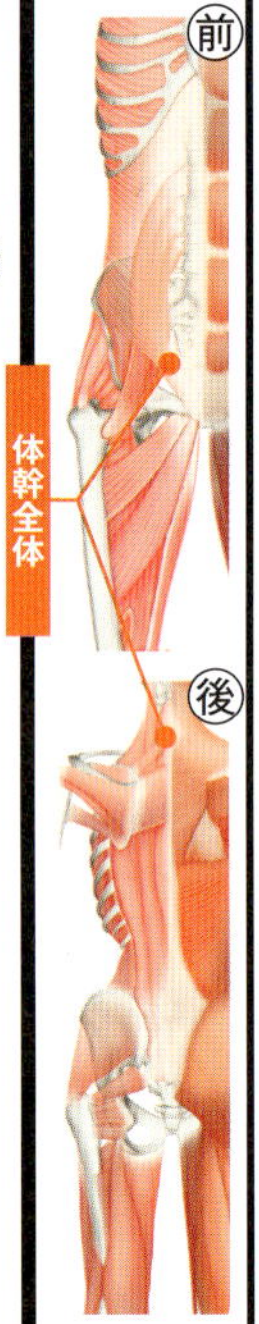

DVD 実践編2-19

レベル別回数

左右各 1 回	初級
左右各 3 回	中級
左右各 5 回	上級

1 横向きでヒジを床につけお腹を持ち上げる

支える側とは反対の手は腰に。お尻が下がらないように真っすぐに。

呼吸法 自然呼吸(息を止めない)

2 脚を前後に振る

腰に当てた手を中心に脚を前後へとスイングする。スイングしたときに上半身がブレないように意識すること。反対の脚でも同様に行う。

TRAINING

トレーニング【連動】 20

バックウィングクランチ

鍛えられる箇所

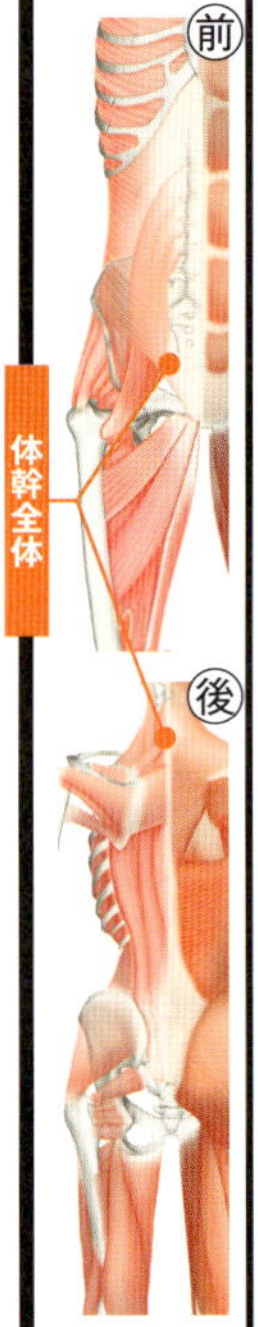

DVD 実践編2-20

レベル別回数

左右各 5 回	初級
左右各 10 回	中級
左右各 20 回	上級

1 骨盤を意識し四つん這いになる

お尻がキュッと上がるよう、骨盤がしっかり立っていることをイメージすること。腰が痛い場合は避ける。

呼吸法 1、2は自然呼吸で、3のときは息を吐く

2 クロスする手と脚を斜めに動かす

時 間 3秒（初級）、5秒（中級）、10秒（上級）キープ

手と脚を斜めの方向から引っ張られるイメージで同時に動かす。

3 ヒジとヒザをくっつける

時 間 3秒キープ

目線を下に。お腹を縮めて息を吐くドローインをする。縮めた状態でヒジとヒザがしっかりとくっついて押し合うイメージ。キープしたら2へ戻る、を繰り返す。反対の脚も行う。

限界は、
誰が作るわけでもなく、
自分が作っている

Chapter 4 ▷

長友式体幹トレーニング
トレーニングメニュー編

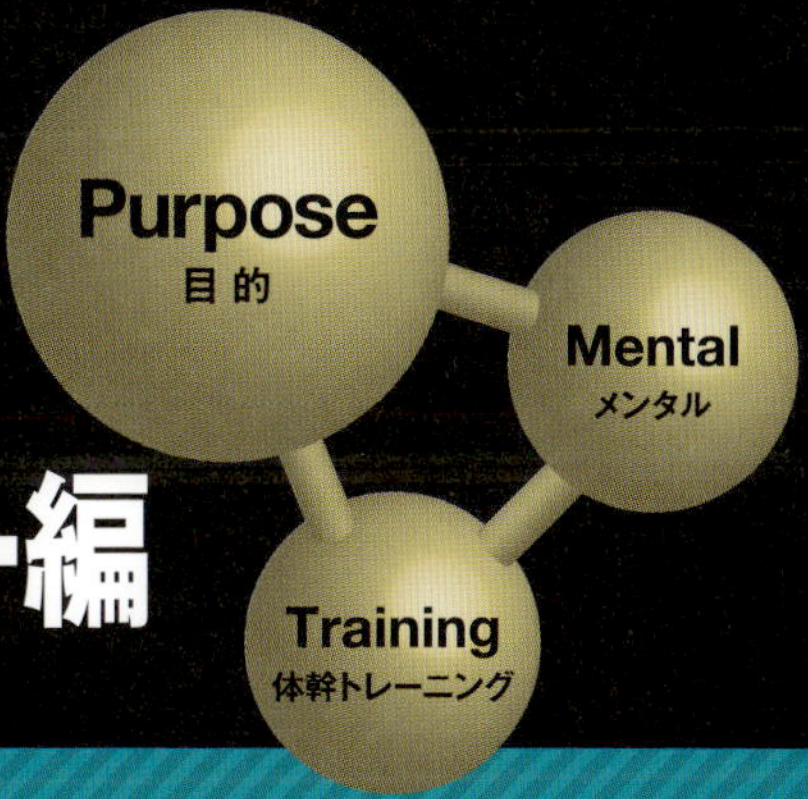

メンタルそして正しいストレッチとトレーニング方法は理解してもらえたでしょうか。ここから、具体的に目的に応じたトレーニングメニューを紹介していきたいと思います。今回は、

①ダイエットをしたい
②お腹を凹ませたい
③ブレない体を作りたい
④キック力をつけたい
⑤投げる力をつけたい
⑥姿勢をよくしたい
⑦腰痛を解消したい
⑧疲れにくい体を手に入れたい

という**8つの目的**を設定しました。また、僕自身の小学生時代からこれまでの実際のトレーニングを紹介しながら**年代別のメニュー**も紹介しています。目的に応じて取り組んでみてください。

お腹を凹ませたい

ストレッチ

02 わき腹を伸ばす（P31）
08 体全体を伸ばす（P38）
10 お腹と股関節を伸ばす（P42）

トレーニング（インナー系）

01 水平クランチ（P44）
02 ダブルニートゥーチェスト（P45）

トレーニング（アウター系）

09 フロントブリッジ（P54）
11 もも上げフロントブリッジ（P56）

トレーニング（連動）

16 V クランチ（P61）
18 連動 V クランチ（P64）

【目安】週3回～5回

【備考】お腹を凹ますためには、お腹回りをバランスよく鍛える必要があります。腹直筋を中心にわき腹を鍛えます。

ダイエットをしたい

ストレッチ

03 股関節と背中を伸ばす（P32）
08 体全体を伸ばす（P38）
09 体の後ろ側を伸ばす（P40）

トレーニング（インナー系）

01 水平クランチ（P44）
03 サイドブリッジ（P46）

トレーニング（アウター系）

07 クランチ（P52）
09 フロントブリッジ（P54）

トレーニング（連動）

13 ツイストクランチ（P58）
15 ドローイン V クランチ（P60）

【目安】週3回～5回

【備考】体の中の不要なものを外に出し、新たなものを吸収する新陳代謝を高めることを目的としたメニューです。

キック力をつけたい

ストレッチ

02 わき腹を伸ばす（P31）
03 股関節と背中を伸ばす（P32）
05 内転筋と背中を伸ばす（P34）

トレーニング（インナー系）

03 サイドブリッジ（P46）
05 クロスクランチ（P50）
06 片脚バックブリッジ（P51）

トレーニング（アウター系）

07 クランチ（P52）
09 フロントブリッジ（P54）
11 もも上げフロントブリッジ（P56）

トレーニング（連動）

13 ツイストクランチ（P58）
15 ドローインＶクランチ（P60）
19 スイングサイドブリッジ（P66）

【目安】週３回～５回

【備考】まず体の軸を強くし、背中の筋肉を作り上げます。それをしっかりと連動させることでキック力が高まります。

ブレない体を作りたい

ストレッチ

02 わき腹を伸ばす（P31）
06 股関節を伸ばす（P35）
07 腰と股関節のつけ根を伸ばす（P36）

トレーニング（インナー系）

01 水平クランチ（P44）
03 サイドブリッジ（P46）
04 片脚サイドブリッジ（P48）

トレーニング（アウター系）

08 バックキック（P53）
10 ヒジつきバックブリッジ（P55）
12 バックブリッジ（P57）

トレーニング（連動）

14 バランスフロントブリッジ（P59）
17 バッククロスクランチ（P62）
20 バックウィングクランチ（P68）

【目安】週３回～５回

【備考】なにより骨盤を安定させることが重要になります。腰回りを中心にインナーマッスルを鍛えていきましょう。

姿勢をよくしたい

ストレッチ

- 01 お尻を伸ばす（P30）
- 06 股関節を伸ばす（P35）
- 07 腰と股関節のつけ根を伸ばす（P36）

トレーニング（インナー系）

- 01 水平クランチ（P44）
- 04 片脚サイドブリッジ（P48）

トレーニング（アウター系）

- 09 フロントブリッジ（P54）
- 10 ヒジつきバックブリッジ（P55）

トレーニング（連動）

- 15 ドローインＶクランチ（P60）
- 17 バッククロスクランチ（P62）

【目安】週３回～５回

【備考】姿勢をよくするには背中、骨盤、脚が重要です。頭から一直線に軸を作ることを目的としたメニューです。

投げる力をつけたい

ストレッチ

- 03 股関節と背中を伸ばす（P32）
- 04 もも裏を伸ばす（P33）
- 08 体全体を伸ばす（P38）

トレーニング（インナー系）

- 04 片脚サイドブリッジ（P48）
- 05 クロスクランチ（P50）
- 06 片脚バックブリッジ（P51）

トレーニング（アウター系）

- 08 バックキック（P53）
- 09 フロントブリッジ（P54）
- 11 もも上げフロントブリッジ（P56）

トレーニング（連動）

- 14 バランスフロントブリッジ（P59）
- 17 バッククロスクランチ（P62）
- 19 スイングサイドブリッジ（P66）

【目安】週３回～５回

【備考】腰の回転を素早く行うためにわき腹を強化し、その力を下半身にしっかりと伝えるためのメニューです。

疲れにくい体を手に入れたい

ストレッチ

01 お尻を伸ばす（P30）
04 もも裏を伸ばす（P33）
08 体全体を伸ばす（P38）

トレーニング（インナー系）

02 ダブルニートゥーチェスト（P45）
05 クロスクランチ（P50）

トレーニング（アウター系）

10 ヒジつきバックブリッジ（P55）
12 バックブリッジ（P57）

トレーニング（連動）

18 連動Vクランチ（P64）
20 バックウィングクランチ（P68）

【目安】 週3回～5回

【備考】 血流を促し、回復を早めるために全身の運動とストレッチが重要。体全体をまんべんなく鍛えるメニューです。

腰痛を解消したい

ストレッチ

01 お尻を伸ばす（P30）
03 股関節と背中を伸ばす（P32）
06 股関節を伸ばす（P35）

トレーニング（インナー系）

02 ダブルニートゥーチェスト（P45）
04 片脚サイドブリッジ（P48）

トレーニング（アウター系）

07 クランチ（P52）
12 バックブリッジ（P57）

トレーニング（連動）

13 ツイストクランチ（P58）
15 ドローインVクランチ（P60）

【目安】 週3回～5回

【備考】 お腹と腰回りの柔軟性を高め、しっかりほぐしながら固めること。それに加えお尻を鍛えることが重要です。

小学生時代のトレーニング

世界の一流も幼少期に「楽しい」を覚える

実は、小学生のころに特別なトレーニングをしていた、という記憶はありません。ただ、ひとつ言えることは、「サッカーを好きになった」時期だということ。

僕の小学校のサッカー部は、週2回の練習と土日の試合がメイン。けれど、練習や試合がある日以外も、毎日のように友だちとサッカーボールを持って出かけ、ゲーム形式の遊びをしていました。そういう日々が「サッカーって楽しい！」「ゴールを決められることが嬉しい！」という「好き」を育ててくれたのです。

実は、イタリアに来てから、サネッティやスナイデルといった世界で活躍する同僚たちに同じことを聞いたことがあります。すると、彼らの答えは意外にも僕と同じでした。

「サッカーを楽しんでいたよ」。そして、もうひとつ付け加えてくれました。

「勝負に勝つことは楽しいからね」

サネッティやスナイデルといった一流選手たちは、サッカーを楽しむと同時に、勝利に対するどん欲さをこの時期に学んだというのです。これはとても重要なことだと思います。

どんなトレーニングよりも「好きになること」そして「勝ちにこだわること」。これが、小学生時代に取り組んでほしいことです。

体幹トレーニングに関しては、まず体の柔軟性を養うためのストレッチをしっかりと行うこと。そこから目的に合わせたメニューを無理のない範囲でやってみてください。またもうひとつ、この小学生の時期にはバランス感覚を鍛えることをおススメします。

バランス感覚はすべての運動に共通する重要な要素です。それが一番吸収できるのがこの小学生くらいの時期。僕ももっと取り組んでいれば良かったと思うトレーニングです。難しいトレーニングは必要ありません。左の写真のように片脚でジャンプをして、また片脚でピタッと止まる。これを両脚で何回か繰り返すだけでも十分です。

１に楽しむ、２に勝ちにこだわる、３に体幹＋バランス。どんなスポーツをするにしても小学生時代にはこの３つが重要だと思います。

Pick Up Training

バランスを養うトレーニング

①両手を広げて片脚でジャンプをする。

②グラグラしないことを意識し着地する。

中学生時代のトレーニング

土台となる走力を育てる

中学生時代に僕がやっていたトレーニングといえば、まずは「走り込み」でしょう。この時期、本当にものすごい量を走りました。その根底にあったのは危機感でした。

恥ずかしながら僕は中学一年生のときに、サボり癖がついていました。部活に行かない、ゲームセンターで遊ぶ、やったふりをする……。なにもかもをサボっていました。

しかし、その反動はすぐにやってきます。小学生時代は県内でも通用していた僕のプレーは、市内はおろか学校の部活ですら厳しいレベルになっていたのです。そして、ついにはサッカーだけでなく、学校内のマラソン大会でも１００人中50位を切ってしまいます。当時、生徒の半分以上は文化系の部活に入っていましたから、この順位がいかにひどいものか、お分かりいただけると思います。

その現実を前にし、強い危機感を抱きました。そしてとにかく走りました。「10周走れ」と言われれば11周走る。練習後みんなが帰れば走る。人より少しでも多くこなそうと必死でした。伸び盛りのこの時期に積み重ねたものは裏切りません。実際僕自身の走力は、驚くほど向上し、三年生時にはマラソン大会で1位になれたくらいです。この中学生時代に育んだ走力は、今でも僕の武器であり、土台となっています。今、サッカーをやりながらもっと上手くなりたいという中学生は、ぜひこの時期に走力を鍛えてほしいと思います。

さて、このくらいの時期からウエイトトレーニングを取り入れ始める人もいますが、僕は「重い物を持つ」トレーニングはおススメしません。僕が、本格的にウエイトトレーニングを取り入れたのは高校生から。後に書いていますが、これも本質的なトレーニングではなく、後悔があります。振り返って思うことは、中学生で取り組むべきは、小学生時代に書いたバランストレーニングの継続とインナーマッスルを鍛えるトレーニングです。これによって身体能力の向上、ケガを防ぐ障害予防そしてパフォーマンスの向上が図れます。アウターマッスルを鍛えるにしても、器具を使うものよりも腕立てや腹筋といった自重トレーニング（自分の体重を負荷にするトレーニング）を中心にしてほしいと思います。

Pick Up Training

インナーマッスルを鍛えるトレーニング

ダブルニートゥーチェスト（P45）

最初は無理のないよう初級レベルから挑戦しよう。

高校時代のトレーニング

ウエイトトレーニングより連動を

高校時代の僕はトレーニングの鬼と化していました。女手ひとつで育ててくれていた母親に、無理を言って東福岡高校にサッカー留学をさせてもらったこともあり「絶対上手くなってやるんだ」と量、時間ともに誰よりも練習に励みました。

当時は寮に住んでおり、朝5時には起きてひとりでランニング、ダッシュ、ウエイトトレーニング。16時からの全体練習が終わるとまたひとりでウエイトなどの筋力トレーニング。いつも22時くらいまでやっていました。

そのトレーニングで中心となったのは、器具を使ったもの。ベンチプレスやスクワットなどアウターマッスル系のトレーニングをどんどん取り入れて、チームでも断トツとなる重さを上げられるようになっていました。もちろん、見た目も、胸筋は隆起し、腹筋も6つに割れる素晴らしい筋肉でした。自分で言うのもなんですが……（笑）。

ただ、高校生に同じトレーニングはおススメしません。というのも、僕のアウターマッスル中心のトレーニングというのは、見た目だけの「使えない筋肉」だったからです。

「使えない筋肉」を感じた瞬間は高校3年生の高校選手権でした。全国大会に出場した僕は、緒戦でいきなり強豪・市立船橋高校と対戦することになります。それでも僕は、誰よりもトレーニングをした自負があり、体力的に負けない自信がありました。事実、対面した市立船橋の選手たちに、身体的に負ける気がしませんでした。しかし……。

結果は惨敗でした。ピッチに上がると、僕の筋肉はまったく動かない。スピードも出ない。ヒザのケガもしました。それは初めての挫折《ざせつ》でした。

「努力は裏切らないって嘘じゃないか！」。本当にそう思いました。しかし、今考えると理由は明白です。Chapter1で紹介したように、インナー系のトレーニングを含めた連動する筋肉が鍛えられていなかったわけです。

高校の時期は、「小中学生時代」で紹介したトレーニングを継続しつつ、アウター系のトレーニングは連動するものを中心に取り組んでほしいと思います。

Pick Up Training

連動系のトレーニング

バッククロスクランチ（P62）

このトレーニングは連動と同時にバランス感覚も鍛えられます。

大学時代のトレーニング

腰痛を劇的に改善したお尻トレ

大学生くらいになると、筋力もしっかりついてきているので、基本的なトレーニングは高校生のときの延長線上と考えていいと思います。紹介してきた「ストレッチ、インナー、アウター、連動」。このレベルを上げていく作業をしていくことをおススメします。

僕は、高校時代の失敗以来、器具を使ったトレーニングはほとんどしないようにしました。今でもできるだけ、自分の体重を負荷とする「自重トレーニング」を行うようにしています。

僕の大学時代についていえば、この時期に本格的に体幹トレーニングに出会います。プロ選手を目指し、明治大学サッカー部に入学した僕ですが、生活もままならないヘルニア、腰椎分離症に悩まされ、サッカーを諦めようとすら思っていました。そのころ、ＦＣ東京の強化指定選手としてプロの選手とも練習をさせてもらっていましたが、あまりになにもできない状況を見かねた土肥洋一さんが紹介してくれたのが体幹トレーニングでした。

今、腰痛に悩んでいる人が非常に増えているということで、この大学時代の項目では、僕が悩んでいた腰痛がどのような方法で解消されたかを書いてみたいと思います。

まず、はっきり言えることが、腰痛解消に体幹トレーニングは非常に効果的だということです。腹筋を鍛えれば腰痛は良くなると言いますが、だからと言って腹直筋ばかりを鍛えていては、何の効果もありません。腹筋といっても、インナーマッスル系のトレーニング、腹横筋や腸腰筋といった腰回りを含めた筋肉を鍛える必要があるのです。

加えて腰痛解消に重要なことがお尻を鍛えることです。具体的なトレーニングでいえば、横に寝て脚を上下に動かす。そのときに、手をお尻に当ててしっかりと意識をすることが重要です。また、仰向けになり、お尻を浮かせた状態で回す。これも手でお尻を支え、しっかり動きを意識してください。痛みがないことが前提ですが、僕はこうしたお尻のトレーニングで劇的に腰痛が良くなりました。

腰痛にはお尻の筋肉を鍛えること。これを覚えていてほしいと思います。

Pick Up Training

腰痛を和らげるトレーニング

バックブリッジ（P57）

この状態から腰に手を当てて回すのも効果的。痛みを感じるときは無理をしないこと。

プロ入り後のトレーニング

自分の体を知ってレベルアップを

僕はインテルに来た今でも毎日「体幹トレーニング」を行っています。

大事なことは「今、なにが必要か」を考えて取り組むことです。シーズン中であれば疲労回復を優先したもの、調子が悪いと感じるときは強度を強めたもの、オフであればさらなるレベルアップを目指したもの……。体のできている成人の方々には、自分の体を知り、取り組む内容を決めてほしいと思います。

左に紹介しているトレーニングは2013年のオフ。ヒザのケガ明けということもあり、トレーナーの木場さんに手伝ってもらいシーズンに備えたトレーニングを行いました。

実際のトレーニング

ストレッチ（長め）
↓
ランニング
↓ ×6
ウォーキング
↓
ストレッチ
↓
01 もも上げクランチ
↓
02 片脚バックブリッジ

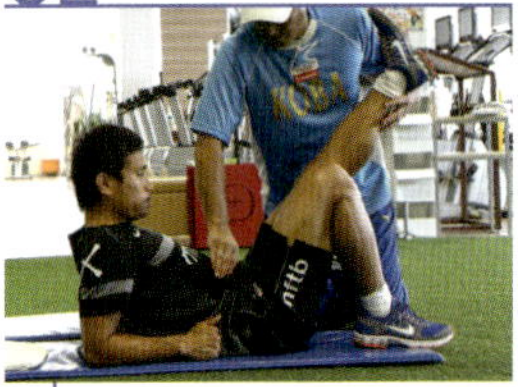

↓
03 Vバランス

↓
04 背中のストレッチ
↓
05 クロスクランチ

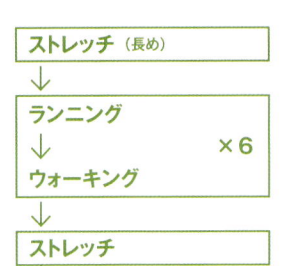

06 腕伸ばし
サイドブリッジ

↓

07 腕伸ばし
サイドブリッジ負荷

↓

08 レッグエクステンション
（マシン）

↓

09 ゴムチューブトレーニング

↓

10 ダブルニートゥーチェスト

11 V字バランス
（ゴムチューブ）

↓

12 レッグエクステンション
（マシン）

↓

13 ランニング

↓

14 ステップ・細かい動き

↓

15 ランニング
（スピード 18 km）

↓

16 レッグエクステンション
（マシン）

↓

17 ランニング＆
ウォーキング

18 バランストレーニング
（マット上）

↓

19 バランストレーニング
（マットの上。チューブ付き）

↓

20 ランニング
（スピード 20 km）

↓

21 チューブステップ

↓

22 ランニング

↓

ストレッチ

想像できるということは、
実現できるということ

Chapter 5 ▷

長友式体幹トレーニング 超実践編

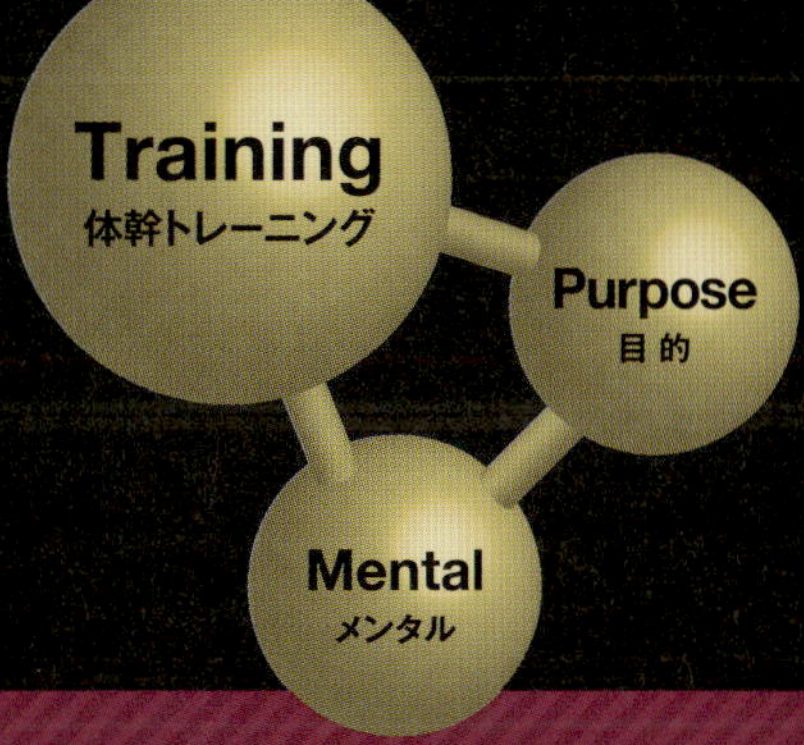

ここからは、さらに**一歩上のレベル**を目指したい人用のプログラムです。
４つのストレッチと６つの体幹トレーニングの計10個のメニューを紹介していますが、これらは現在も僕自身が、レベルアップを図るためにやっているものです。
紹介している**トレーニングは基本的に「連動」**系のもの。
僕自身は、ピッチにおける実際のパフォーマンスにつながる動きをさらに高めることを目的に行っています。これまで紹介してきた20個のトレーニングを正しく行え、物足りなさを感じるようになれば、どこを鍛えたいかという目的に応じて挑戦してみてください。

STRETCH 11 ストレッチ

もものつけ根を伸ばす

1 片ヒザを立て腰に手を置く

背筋を伸ばして片ヒザを立て、手を腰に。立てたヒザを90度にして正面を向く。

2 後方の脚を手で引きつける

時間 6～10秒

もも前の筋肉を意識し、手で無理のない範囲で後方の脚をお尻へ引きつける。バランスがブレないように意識すること。反対の脚も行う。

意識する箇所
【ほぐされる箇所】

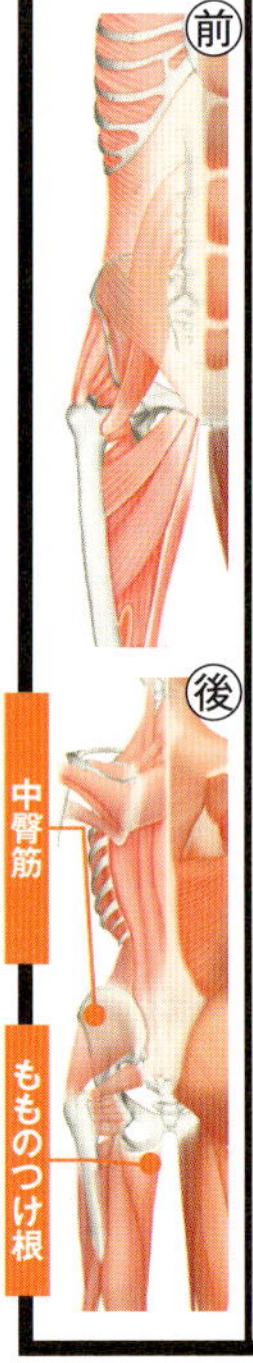

DVD 超実践編-11

Point!

- もものつけ根を意識する
- 伸ばしているときにゆっくりと息を吐く

1 背骨を意識し 四つん這いで背中を丸める

時間 6~10秒キープ

イメージが重要。背中を丸めることで、「背骨一つひとつの上部が開いている」イメージと「骨盤が下がる」イメージを。

2 背中を反らせる

時間 6~10秒

ゆっくり背中を反らし1と反対のイメージを持つ。背骨一つひとつは下部が開き、骨盤は立っている。

STRETCH

ストレッチ 12

背骨をほぐす

意識する箇所
【ほぐされる箇所】

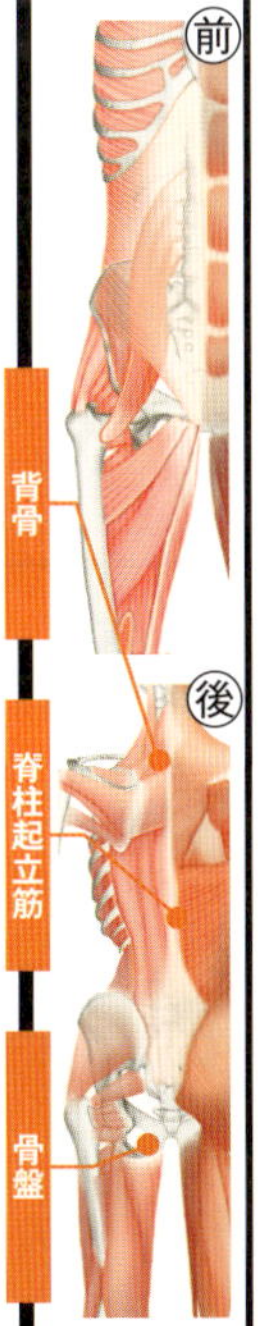

DVD 超実践編-12

Point!

- 骨盤を意識できるまで繰り返そう
- 伸ばしているときにゆっくりと息を吐く

STRETCH
ストレッチ 13

背骨とわき腹を伸ばす

意識する箇所
【ほぐされる箇所】

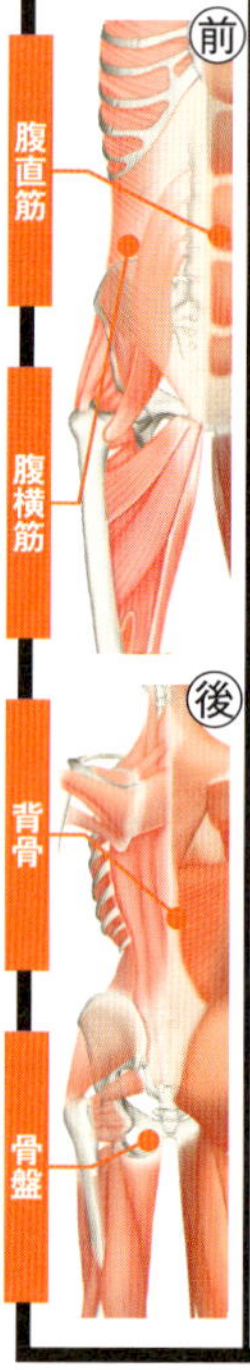

DVD 超実践編-13

Point！

- 背中とわき腹を意識する
- 伸ばしているときにゆっくりと息を吐く

1 立った状態で手を真っすぐ上に伸ばす

上から吊るされているイメージで手を真上に伸ばす。わき腹と背骨の一つひとつが伸びていることを意識する。

2 上体を真横に倒す

時間 5~10秒

ゆっくりと上体を真横に倒す。上部のわき腹だけでなく、下部のわき腹もきちんと意識する。

3 反対に倒す

時間 5~10秒

ゆっくりと1の姿勢に戻してから反対に倒していく。2、3ともに背骨がどのようなラインで曲がっているかも意識する。

ストレッチ

STRETCH
ストレッチ 14

股関節を伸ばす

意識する箇所
【ほぐされる箇所】

DVD 超実践編-14

Point !

- 股関節と内転筋を意識する
- 伸ばしているときにゆっくりと息を吐く

1 ヒザを床につけ脚を開く 手を前へ、床につける

時間 6~10秒

背骨一つひとつを閉じること、骨盤を立てることを意識。手の位置を顔の真下あたりに。

2 脚を真横に伸ばす

時間 6~10秒

片方の脚をゆっくりと真横に伸ばしていく。1では内転筋のつけ根、2で内転筋全体をほぐす。

3 もとに戻す

体がブレすぎないことを意識し、脚を
ゆっくりと戻して再び1の姿勢をとる。

4 反対の脚を真横に伸ばす

時間 6~10秒

もう片方の脚をゆっくりと真横に
伸ばしていく。股関節から内転
筋が伸びていくことを意識する。

トレーニング

TRAINING

トレーニング【連動】 21

脚回しサイドブリッジ

鍛えられる箇所

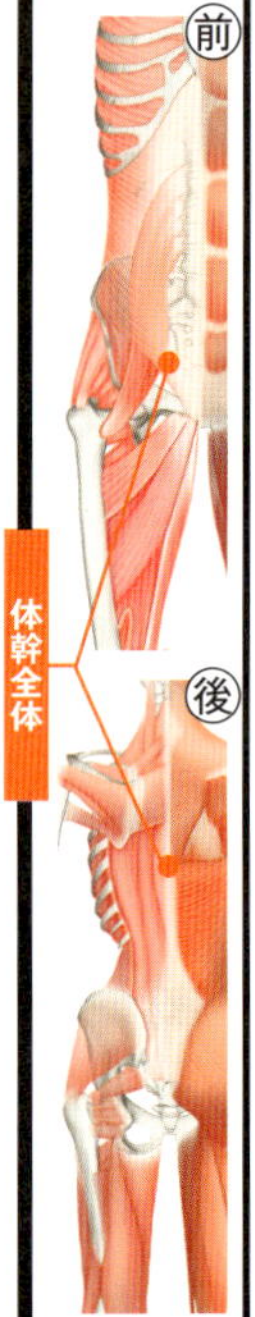

DVD 超実践編-21

レベル別回数

左右各	1 回 ▶	初級
左右各	3 回 ▶	中級
左右各	5 回 ▶	上級

1 ヒジをつき、横向きになる

ヒジが肩の真下になるようにして横になる。
骨盤をしっかりと床につけるようにする。

2 お腹を持ち上げる

支える側とは反対の手は腰に置き、骨盤（お腹）を持ち上げる。お尻が下がらないように真っすぐに。

呼吸法 自然呼吸（息を止めない）

3 上半身を動かさないように脚を回す

腰に当てた手を中心に骨盤がブレないように
意識し、脚を回転させる。外回り、内回りの
順に。反対の脚でも行う。

frame advance

TRAINING
トレーニング【連動】 22

腕立てフロントブリッジ

鍛えられる箇所

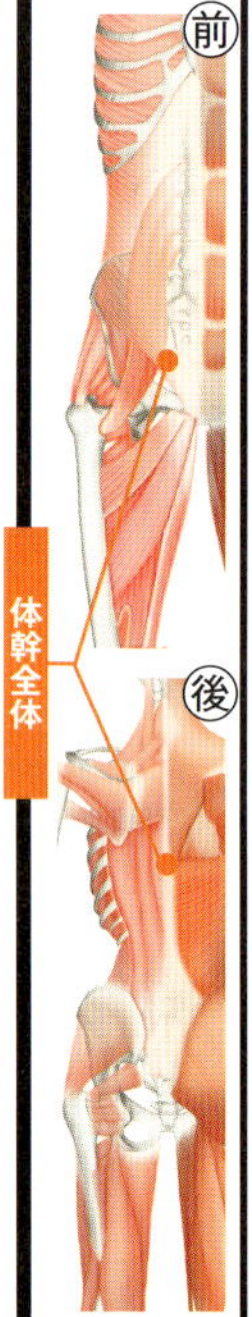

1 腕立て伏せの姿勢をとる

肩の真下に両手をつき、腕立て伏せのポーズをとる。

2 腕立てをすると同時に脚を引き上げる

時間 初・中級はそのまま3へ。上級は3秒キープ

腕を曲げると同時に、片方の脚を外に出し腰あたりまで引き上げる。ヒザを90度にし、バランスが崩れないようにすること。キープ後1の姿勢に戻る（脚はつけないように）。

呼吸法 自然呼吸（息を止めない）

DVD 超実践編-22

レベル別回数

左右各 1 回	▶	初級
左右各 3 回	▶	中級
左右各 5 回	▶	上級

3 腕立てをすると同時に片脚を内側に入れる

時間 初･中級はそのまま戻す。上級は3秒キープ

腕を曲げると同時に、2と同じほうの脚を内側に入れる。バランスが崩れやすいので骨盤をしっかり意識してバランスをキープする。反対の脚も行う。

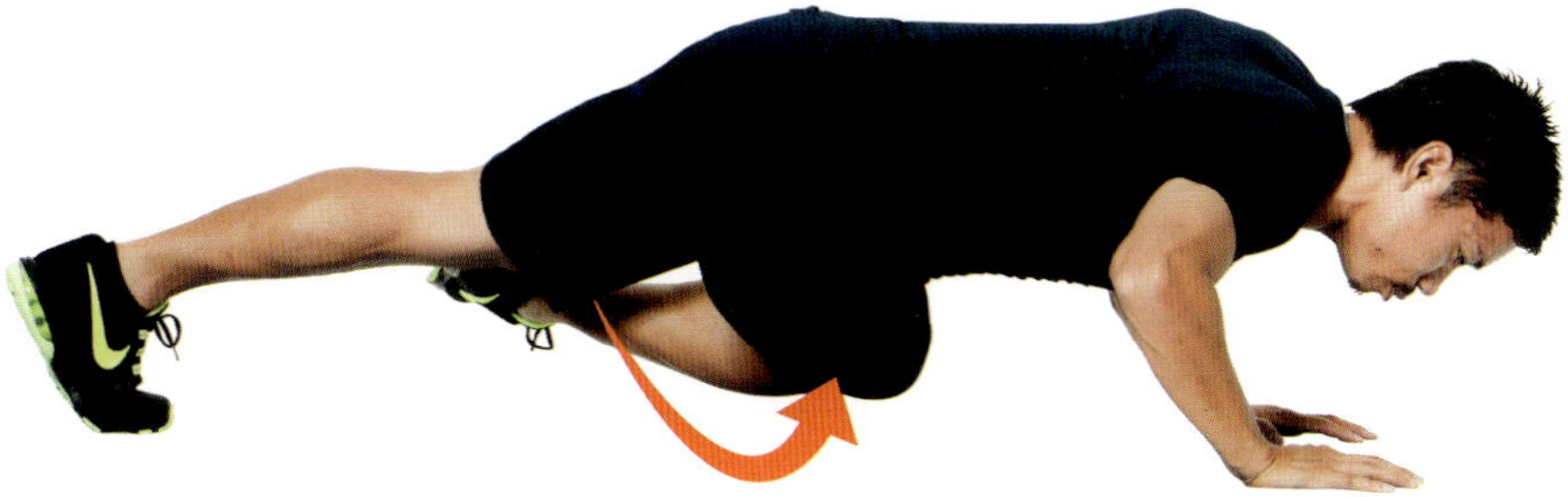

TRAINING

トレーニング【連動】 23

脚上げサイドブリッジ

鍛えられる箇所 ▼

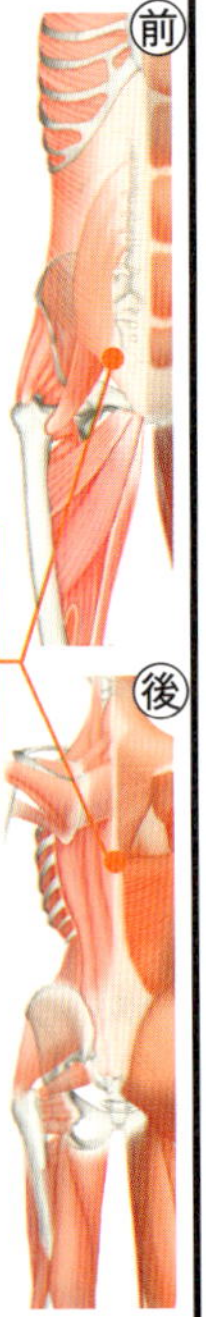

1 体を横向きにしてヒジをつく

横向きの状態でヒジを床につく。ヒジは肩の真下に置き、手は腰あたりにつける。

2 脚を真っすぐ前へ出す

時間 3~5秒キープ

真っすぐ脚を腰の前あたりに出す。骨盤がブレないように腰に当てた手で動きを意識する。

呼吸法 自然呼吸（息を止めない）

DVD 超実践編-23

レベル別回数

左右各 1 回	▶	初級
左右各 5 回	▶	中級
左右各 10 回	▶	上級

3 脚を上下させる

骨盤が動かないように、出した脚を上下させる。スピードは速くなくていいので、体がブレないことを最重要視。反対の脚も行う。

別アングル

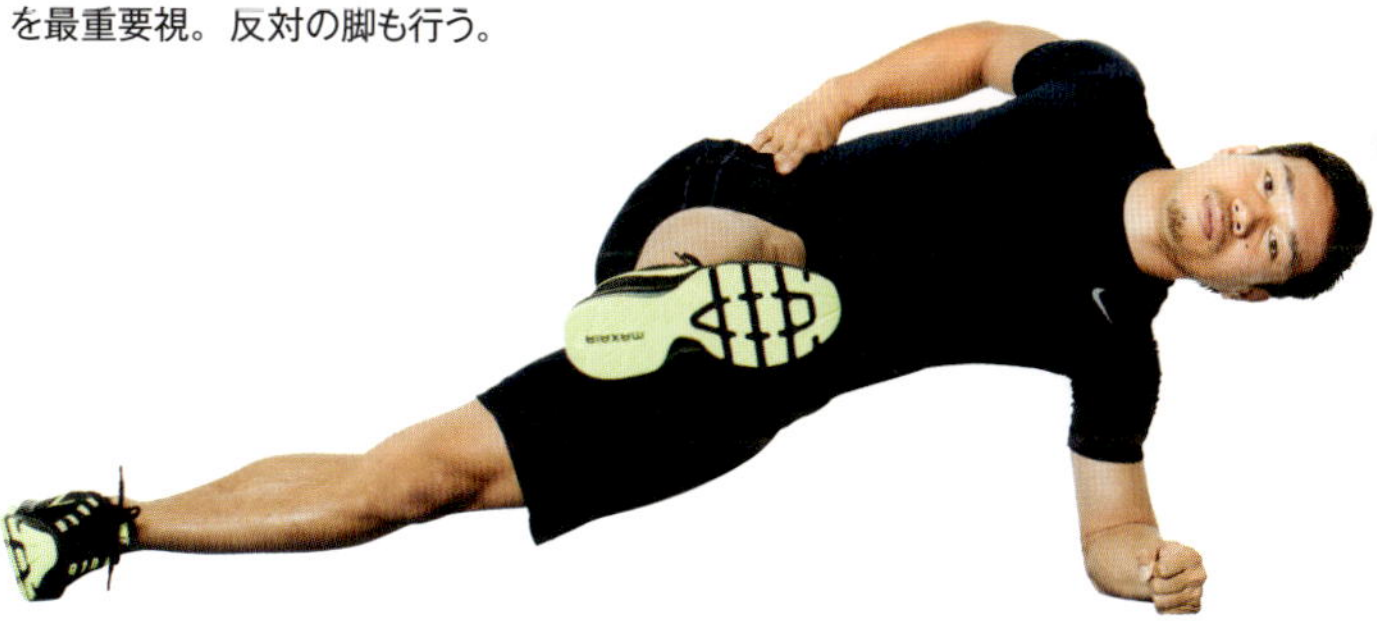

別アングル

トレーニング

TRAINING

トレーニング【連動】 24

シンクロクランチ

鍛えられる箇所

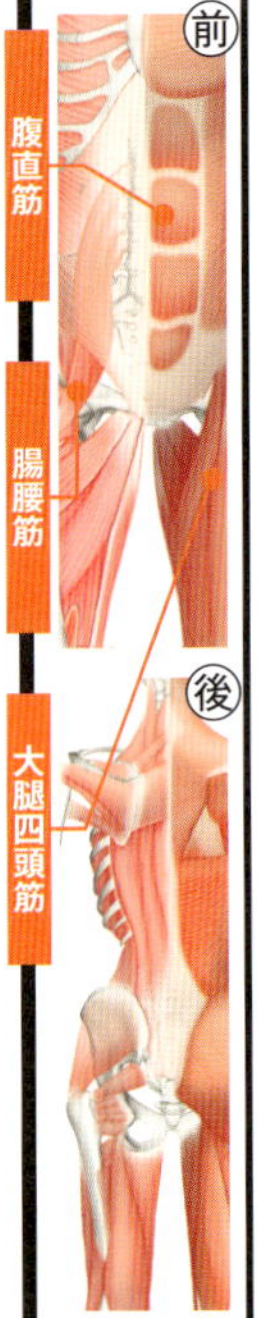

DVD 超実践編-24

レベル別回数

（左右で1回）

3 回×2set ▶ 初級

5 回×2set ▶ 中級

10 回×2set ▶ 上級

1 仰向けに寝る

両手を、手のひらが下になるよう床につける。
ヒザはくっつけたままにすること。

呼吸法 動き出してからキープまで息を吐く。戻すときは自然呼吸

2 手、両脚、頭を同時に上げる

時間 3秒で上げて3秒キープ

動き出しと同時に両脚を浮かせ、そのまま片脚とクロスする方向の手と頭を持ち上げる。

3 反対の手脚を上げる

時間 3秒で上げて3秒キープ

両脚と頭は浮かせたままにし、2で上げたほうと逆の手と脚を上げる。2、3ともにお腹をしっかりと縮め息を吐くドローインをする。

TRAINING
トレーニング【連動】 **25**

回転クランチ

鍛えられる箇所 ▼

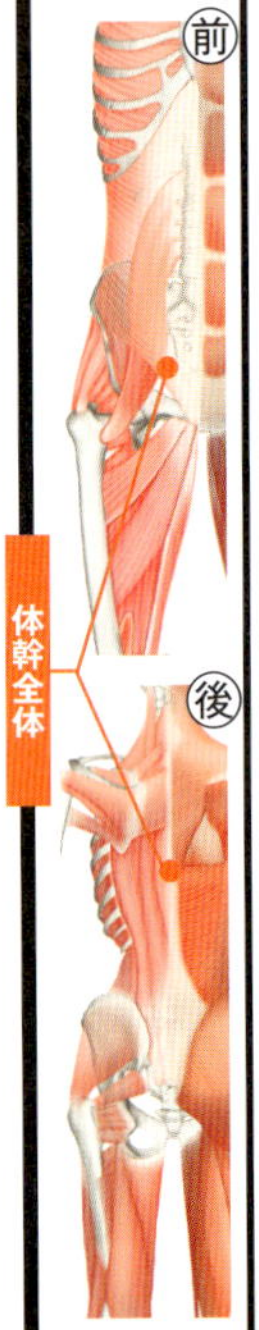

DVD 超実践編-25

レベル別回数

左右各 1 回	初級
左右各 5 回	中級
左右各 10 回	上級

1 クランチをする

仰向けの状態からヒザを90度に曲げ、上体を持ち上げるクランチを1回行う。クランチは息をしっかり吐きお腹を縮めるドローインを。

呼吸法 自然呼吸（息を止めない）

2 クランチ後、真横に回転する

クランチ前の姿勢に戻し（頭と脚を床につけないように！）、そのまま真横に回転をする。

3 背筋の姿勢をとる

回転後、背筋の姿勢をとる。頭、脚を床につけないまま、戻るように回転して元のクランチの姿勢に。再びクランチ。これを繰り返す。反対回りも行う。

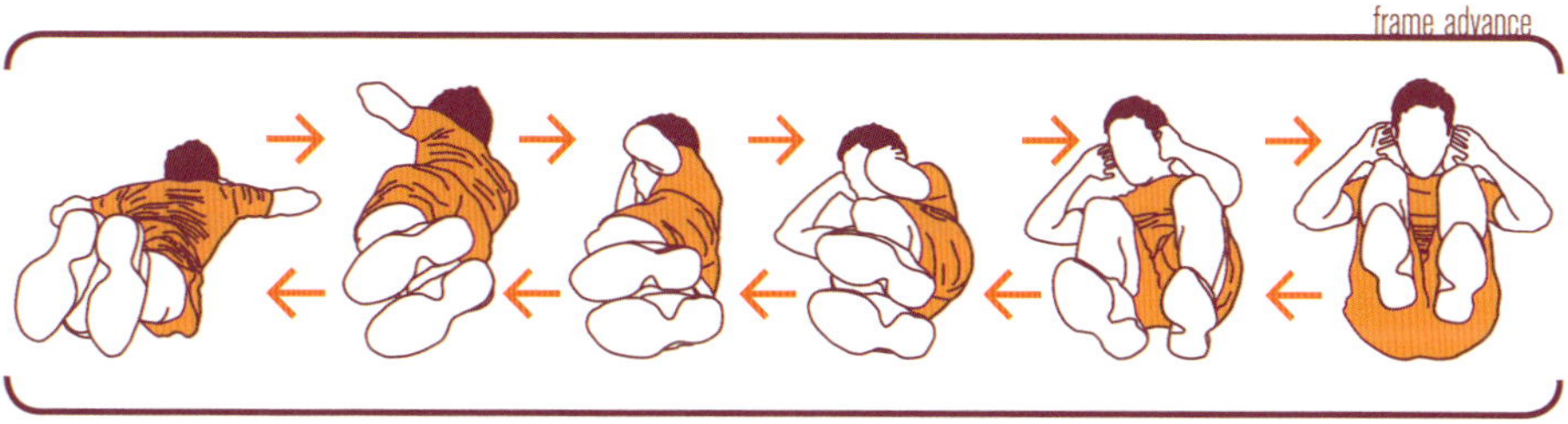

TRAINING

トレーニング【連動】 26

ハンドウォーキング

鍛えられる箇所 ▼

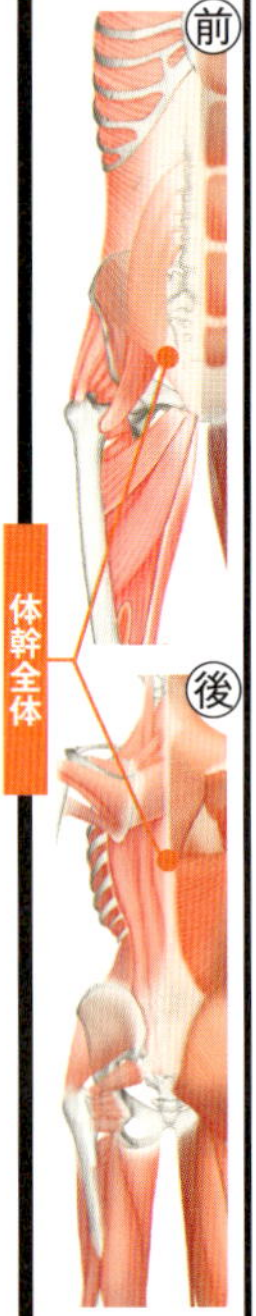

DVD 超実践編-26

レベル別回数

1 回 ▶ 初級レベル
3 回 ▶ 中級レベル
5 回 ▶ 上級レベル

1 真っすぐ立つ

正面を向いて真っすぐ立つ。背骨が曲がるなど姿勢が悪くならないように注意する。

2 上半身を曲げ床に手をつく

ヒザを曲げないようにしながら、前へかがみ床に手をつく。体が固い人は手がつくところでOK。

呼吸法 自然呼吸（息を止めない）

3 手だけゆっくり前へ動かす

床についた手を交互に、ゆっくりと前へ出していく。手の幅はバランスのとりやすい位置で良い。

4 手が伸びきったところでキープ

時間 3秒キープ

体が一直線になるよう手を伸ばしきる。骨盤が上がり過ぎたり下がり過ぎたりしないようにキープ。キープ後、また徐々に戻り1に。これを繰り返す。

おわりに

「長友佑都 体幹トレーニング20」はいかがだったでしょうか。

簡単だった、難しかった、いろいろと感想はあると思います。けれど、重要なことは「簡単」「難しい」といったことではなく、続けていく、ということ。

そのためには、本書にも書いていますが、しっかりとした**「夢」や「目標」を持ってほしい**と思います。

僕は、体幹トレーニングを通じて「夢」や「目標」を実現してきましたが、それは一方で「夢」や「目標」があったからこそ体幹トレーニングを続けられた、ともいえます。地味な練習でも、きついトレーニングでも「夢」や「目標」があれば、楽しく感じることができるし、やりがいを見つけることができるはずです。

人間にそうそう限界は訪れない。
限界とは常に自分自身が作っているもの。

僕はそう感じています。

諦めそうになったら目標を思い返してください。
本書の冒頭に書いた目標を見返してください。

理想を実現しようとこの本を手に取った強い気持ちを持ったあなたが、そこにはいるはずです。

今回は８つの目的に応じたトレーニングメニューと年代別のおススメトレーニングしか紹介できませんでしたが、この本をしっかりと熟読してくださった皆さんは、もう自分の体をしっかりと知ることができていると思います。

次のステップは、自分で考え、夢、目標の実現のためにトレーニングを行うことです。20個のトレーニングから自分なりになにが必要かを考え、取り組んでいってもらえれば、そしてその結果、皆さんの「夢」や「目標」が実現すれば、これほど嬉しいことはありません。

夢、叶《かな》えましょう！

そしてまた、新たな夢へ共に向かっていきましょう！

２０１４年３月　長友佑都

の新しい目標——

の新しい目標――

NAGATOMO
55
INTER

● 著者プロフィール

長友佑都（ながとも・ゆうと）

1986年9月12日生まれ。愛媛県出身。小学校1年生のときにサッカーを始める。西条北中学校を経て東福岡高校へ進学。3年次には高校選手権に出場。2005年、明治大学に入学し、在学中に特別指定選手としてFC東京でJリーグデビューを果たす。在学中にはヘルニア、腰椎分離症を患うなどケガに悩まされるが、体幹トレーニングに取り組むことで解消。以降、体幹トレーニングに取り組み続ける。

2008年にはFC東京に加入し、同年の北京オリンピックに出場。2010年にはワールドカップ南アフリカ大会に出場し、同年イタリア・セリエAのA.C.チェゼーナに加入。2011年には世界のトップクラブのひとつインテル・ミラノに移籍するなど世界を代表するサイドバックとして活躍する。

2013-14年シーズンはインテルでゲームキャプテンを務めるなど絶対的なレギュラーとしての地位を確立。2013年AFC年間国際最優秀選手賞受賞。

オフィシャルブログ
http://ameblo.jp/guapoblog/

● 監修プロフィール

木場克己（こば・かつみ）

1965年12月26日生まれ。鹿児島県出身。（株）アスリートウェーブ代表取締役。（有）コバメディカルジャパン代表取締役、一般社団法人TTC（トータルセラピストコミュニティ）会長。柔道整復師、鍼灸師、日本体育協会公認アスレティックトレーナー、柔道整復師専科教員、健康運動指導士。長友佑都ら数多くのアスリートのトレーナーを務めている。

長《なが》友《とも》佑《ゆう》都《と》 体《たい》幹《かん》トレーニング20

著者
長《なが》友《とも》佑《ゆう》都《と》

2014年4月5日　初版第一刷発行
2021年2月15日　初版第二十六刷発行

監修
木場克己

写真
杉田裕一（bghe）
花井智子（P84～85）
AFLO

DVD製作
西藤立樹

CG画像
(株)BACKBONEWORKS

装丁・本文デザイン
はんぺんデザイン

協力
スポーツコンサルティングジャパン

衣装協力
NIKE JAPAN

校正
玄冬書林

発行者
小川真輔

発行所
KKベストセラーズ
〒112-0013
東京都文京区音羽1-15-15
シティ音羽2階
電話　03-6304-1603（営業）
　　　03-6304-1832（編集）

印刷所
錦明印刷

製本所
ナショナル製本

DTP
三協美術

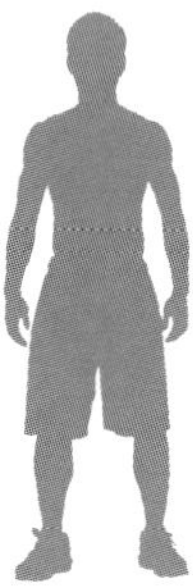

ISBN978-4-584-13557-0　C0075